仕事の質とスピードが
激変する思考習慣

徹底的に数字で考える。

深沢真太郎

フォレスト出版

はじめに　ファクトフルネスの時代に必要なたったひとつの思考法

「思考習慣」があなたを変える

本書を手に取っていただき、ありがとうございます。

さっそくですが、これまでにもあなたはビジネス系のセミナーに足を運んだり、勉強のためにと書籍を買い求めたりしたことがあるのではないでしょうか。実際、いまも多くの書籍やセミナーなどで仕事の効率化や能力を高めるための方法が語られています。

さて、そんなあなたに質問です。

「それらのおかげで実際に仕事の成果が上がりましたか？」

私はこれまで数多くのビジネス書を書き下ろし、年間で数十件にもなる企業研修やビジネススクールの講義に登壇してきました。

「もっと仕事の能力を高めたい」「もっと仕事で成果を出せるようになりたい」といった願いがあるからこそ、彼らは貴重な時間を使って書籍を読み、セミナーに足を運んでくださいます。そんなビジネスパーソンが学ぶ現場の最前線にいる私がこんなことを言うのは不適切かもしれません。がしかし、それでもこう言わざるを得ません。

「それだけで成果が上がることはあり得ない」

なぜか。**それは、巷に溢れているメソッドや方法論が、本質的な問題解決につながっていないからです。**

例えば思考力というテーマがあったとします。書籍やセミナーで「考え方」を学ぶことはできます。しかし、「考える力」は身につきません。そのあとに正しい行動を習慣にした人だけが、「考える力」を手に入れることができる。

本質とは思考習慣ということになります。

「数字で考える」ですべてを手に入れる

私はあなたに「数字で考える」ことを習慣にしていただきたいと思っています。

数字で考えるメリットについては本書の第1章で詳しくお伝えしますが、いま思いつくだけでもこれだけのものがあります。

- いまあなたの目の前にある問題を解決できる可能性が高まる
- いわゆる論理的思考力が飛躍的に高まる
- プレゼンテーションに説得力や信頼感が生まれる
- 上司や部下、あるいはお客様など、相手を動かす力が手に入る
- 思い込みで間違った判断をする可能性が激減する
- 仕事の生産性やスピードが飛躍的に上がる

これらをまとめて仕事の「質」と表現するのであれば、本書でお伝えする「数字で

考える」を思考習慣にすることで、きっとあなたの仕事の質が劇的に高まるでしょう。

なぜそう言い切れるのか。

私はこれまで延べ1万人以上のビジネスパーソンを教育研修の現場で見てきました。成果を出す人、つまり仕事の質が高い人は何ができるのか。それを突き詰めていったとき、その答えがはっきりわかったのです。次の3行がそのすべてです。

・仕事の質 ＝ 「考える」の質
・「考える」の質が高い ＝ 「考える」が数字を用いて行われている
・「考える」が数字を用いて行われている ＝ 「数字で考える」を習慣にしてきた

彼らに**共通するのは、みな「数字で考える力」が身についている**こと。それはすなわち、本書でお伝えすることを「知っている」のではなく「習慣」にしてきた人です。ただただ、徹底的に数字で考える習慣を持つこと。これだけでビジネスパーソンとしての力はワンランクどころか、圧倒的なレベルに到達することができるようになるでしょう。

ファクトフルネス時代にこそ必要な数字を操る力

仕事の成果を出すためだけではなく、これからの時代は、より数字で考える力が必要とされるようになってきています。

なぜなら「ファクトフルネス」というデータで世界を正しく読む時代になったからです。

誰もが簡単にデータや情報を手に入れることができるようになりました。この時代に必要な力とは、データを調べ、ファクトをチェックする力、思い込みで予測しない力などと言われます。

確かにその通りです。しかし、多くの人がこの「確かにその通りです」で終わってしまうように思うのです。もったいない。あなたはそうではなく、そこから一歩前に進んでみませんか。数字ベースで考える思考習慣を持つのです。

普段から数字で考えることができていない人は、どんなに数値化された情報や事実としてのデータがあっても読むことも、使いこなすこともできません。それができなければ、正しく現状を理解できず、思い込みの中で仕事をし続けることになってしまいます。

これもすべて数字で考える習慣を持っていれば解決できること。そう断言します。

徹底的に数字で考える。
これこそがファクトフルネスの時代に必要なただひとつの思考法なのです。

本書では、数字が苦手と感じている人から、数字をもっと使いこなしたい人、物事を数字で考えるようになりたい人、すべての人が学び、実践できるように書いています。数字が苦手と感じている人であっても四則演算（＋－×÷）ができれば、誰にでもできるものです。

この本が、あなたの仕事や人生の一助となれば、著者としてこれほど嬉しいことはありません。

深沢真太郎

第1章

「数字で考える」のすべて

第2章

「原因」と「結果」を数字で考える

第3章
数学的に考える頭の作り方

第4章

「正解のない問い」を数値化する思考法

ブックデザイン：小口翔平＋岩永香穂（tobufune）
ＤＴＰ：野中賢（システムタンク）
編集協力：鹿野哲平

第 1 章

「数字で考える」のすべて

考えなさい。
調査し、探究し、問いかけ、
熟考するのです。

ウォルト・ディズニー
（1901～1966）

なぜ、数字で考える必要があるのか？

さっそくですが、想像してみてください。

あなたはある営業マンのセールストークを聞いています。例えば保険。あるいは投資商品。さて、あなたがそのセールスマンから最も聞きたいことは何でしょうか。あなたがもっとも知りたい情報は何でしょうか。

おそらく、「メリットはなんなのか？」でしょう。

値段よりも、ほかの商品との差別化要素でもなく、それを手にすることで自分の人生にどんなメリットがあるのか。それを知りたいと思うのが、素直な気持ちでしょう。

人はメリットがわからないものを購入できません。同じように、メリットがわからないことを「やれ」と言われてもまずやれません。

よく自己啓発書などには「メリットやデメリットなど考えず、まずは目前にある与えられたことを一生懸命やりましょう」といった類の正論が書かれています。その通りだとは思います。しかし、残念ながら人はそのようにできていません。

とりわけビジネスパーソンは、何かを判断する際、常に「メリットは何か？」を考えています。新しいシステムを導入するメリットは何か。中途採用で1名採用するメリットは何か。数字に強くなる研修を導入するメリットは何か。

基本原則として、人はメリットがあるから行動するのです。

前置きが長くなりました。

申し上げたいことは、まずは一緒に「数字で考える」ことのメリットを確認しましょうということです。

すでに、あなたがなんとなく思い描く答えはあるかもしれません。

それでも、あらためて私たちビジネスパーソンがなぜ数字で考える必要があるのかを言語化しましょう。結論から言えば、あなたにはメリットが3つあります。ひとつずつ説明していきます。

「数字で考える」がもたらす3つのもの

問題解決能力が高まる

まずひとつめ。一言で言えば、問題解決できるということです。

例えば、あなたの会社が次のような問題を抱えていたとします。

A　売り上げを1億円達成するために広告宣伝費はいくら必要か。

B　来年の新卒採用者数は何名が妥当か。

C　どうすれば新規事業の売り上げが伸びるか。

もしあなたが企業にお勤めなら、このような解決しなければならない問題が山積みのはずです。これらの問題を解決できるかどうかは、あなたの成果や評価に直結します。

この問題解決するという行為は、大きく2つに分解できます。

① **問題を作る**
② **解決する**

という具合に。つまり、問題解決とは次のようにできているのです。

問題解決する（100％）＝問題を作る（50％）＋解決する（50％）

ここで2つに分解するのには理由があります。
問題解決する仕事のうち、実際はこの「解決する」仕事は全体の50％に過ぎません。
残り50％の「問題を作る」仕事があるからです。

問題を作れない人は永遠に問題解決できない

私はこれをとても重要なことだと考えています。

なぜなら、**問題の半分は、「問題になっていない問題」**だからです。

例えば、先述したA、B、Cの問題。

どれも数字で考える必要がありそうな問題ですが、この中で、ひとつだけ種類の異なるものがありますよね。

それはC「どうすれば新規事業の売り上げが伸びるか」です。

なぜなら、AとBは数値を求めることがはっきりしている問題ですが、Cは違います。答えは具体的な数値ではなく、「どうすればいいか？」という明確な答えのない問題です。

ビジネスで必要になる問題解決は、Cのパターンが圧倒的に多いはずです。

このような「具体的な答えを出す問題として未完成なもの」を前にしたとき、私たちが**すべきことは「解決する問題をもっと具体化」すること**です。

例えばCのテーマであれば、売り上げが伸びない原因が「客数」にあるのか「価格設定」にあるのかなどを具体化し、把握しなければなりません。

仮に客数が少ないことが原因となれば、どうやって、どれくらい増やすのかを定めて、客数を増やす方法を実行することが求められます。

このように数字で考えるという行為は、曖昧《あいまい》な状態から具体的な問題を作り、そして解決することに役立ちます。ここについては第2章で深掘りしていきます。

説得力のあるプレゼンテーションができる

続いて2つ目のメリット。

一言で言えば、**説得力という〝香り〟を身にまとえる**ことです。

私は仕事柄、多くの企業やビジネススクールなどで研修を行っています。彼らに「なぜこの研修に参加したのか?」と尋ねると、たいていの方がこのように答えます。

「自分の主張に説得力がない。だから提案が通らない。ここに大きな課題を感じているので、学びに来ました」

私もかつて同じように悩んだものです。

すでに実感されていることだと想像しますが、ビジネスでは数字が入るだけで伝わり方が劇的に変わります。次の2つを見比べてみてください。

A「広告宣伝費は1000万円が必要です。費用対効果を上げられるよう頑張ります」

B「当社の広告宣伝費1円あたり売上高は3年前から7円、8円、9円。少しずつですが最適化され、効率よく売り上げを得られるようになってきました。今年は10円を目標にマーケティングを行います。売り上げ予算は1億円ですので、今年の広告宣伝費は1000万円が必要になると考えます」

後者のほうが仕事を進められる人であることは、言うまでもないでしょう。

ビジネスの世界は、説得の連続です。

説得できるのは、熱意でも話し方でもなく、事実にもとづいた覆《くつがえ》しようのないロジックです。それを可能にするのが、数字で考え、数字で説明するということ。

ビジネスでは、説得力は強力な武器であり、あなたの成果や評価に直結します。

私はこの説得力というものは〝香り〟と同じだと思っています。

例えば「いい香りのする男性はモテる」という考え方があるとします。多くの女性が頷《うなず》きます。しかし、よく考えるとその男性が〝いい香り〟をまとったときとそうでないときで、容姿や性格などはまったく同じです。にもかかわらず、〝香り〟でこうも評価が変わる。

「説得力あるプレゼンテーション」と「説得力のないプレゼンテーション」の違いは何か。堅い表現をすれば、「数字を使っているプレゼンテーション」と「数字を使っていないプレゼンテーション」です。

しかし私はこの違いを、「〝いい香り〟がする男性」と「無臭（？）のとても似た男性」の違いだと理解しています。うまくいく・うまくいかない。その違いなんて、現実はこんな細部のことだったりします。

ぜひあなたも〝香り〟を身にまとえるようになりましょう。

ファクトベースの信頼感が持てる

最後に3つ目のメリット。

一言で言えば、**信頼される**ということです。

なぜ数字で考えることができるビジネスパーソンは信頼されるのか。なんとなく「たしかに、そうかもね」で終わりそうですが、私はここをしっかり解説したいと思っています。

さっそくですが、あなたはこちらの本をご存じでしょうか。

『FACTFULNESS（ファクトフルネス）10の思い込みを乗り越え、データを基に世界を正しく見る習慣』（日経BP社）。

2019年に日本でも発売され、ビジネス書としてベストセラーになっています。

これからの時代を生きるビジネスパーソンにはぜひ読んでもらいたい一冊です。
この本で書かれていることを一言で要約すると、

「我々のいる世界は今後、事実（数字）をベースにして考えたり話したりすることが常識になる（しなければならない）」

ということです。

調べればなんでも情報が手に入る時代。あらゆるデータを簡単に取得できるようになりました。つまり、思い込みや主観で物事を論じる人の「ウソ」はすぐにバレてしまいます。

例えば私が、メディアや研修の現場などで、あまり詳しく調べることなく、

「日本では少年犯罪が増えている」

と発言したとしましょう。確かに卑劣な犯罪も多く見聞きするため、その場では

「ふーん、まあそうかもね」と納得してしまうかもしれない。

ところが調べてみると事実（数字）は違っている、なんてことが多々あります。

実際のデータでは、少年犯罪は増えているどころか減っています。

少年による刑法犯・一般刑法犯 検挙人員・人口比の推移

① 刑法犯

(昭和21年～平成25年)

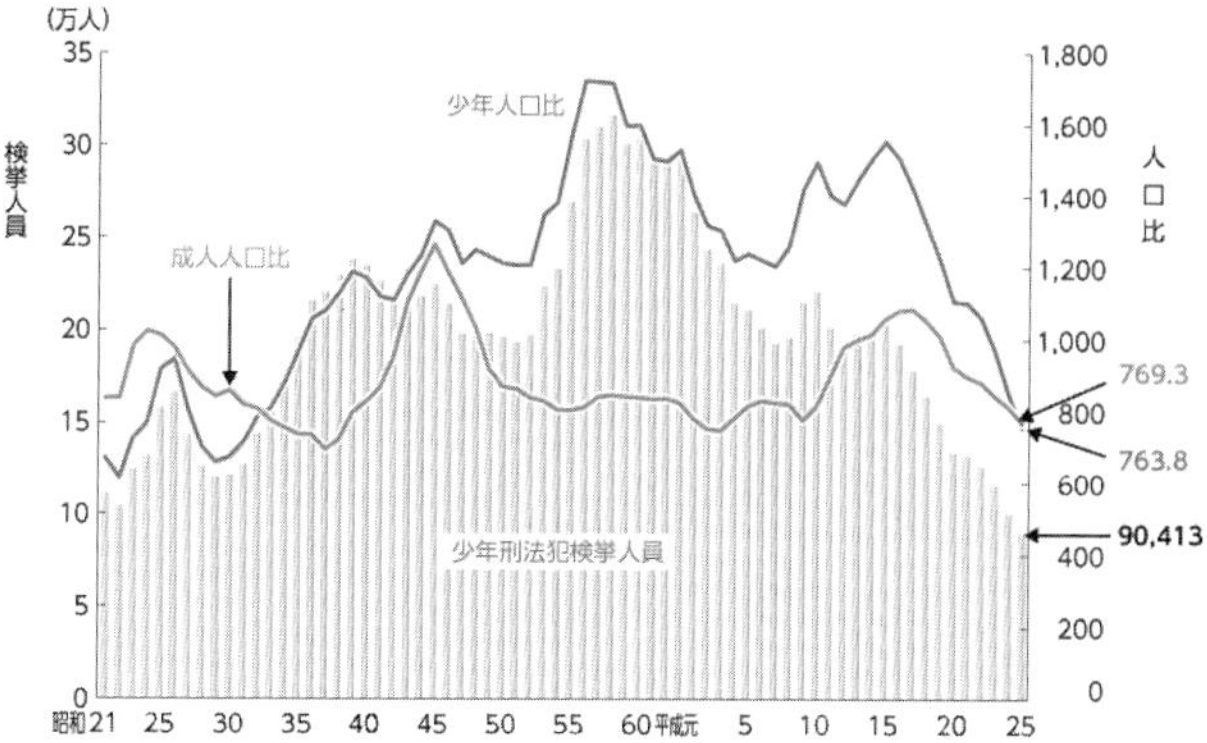

② 一般刑法犯

(昭和41年～平成25年)

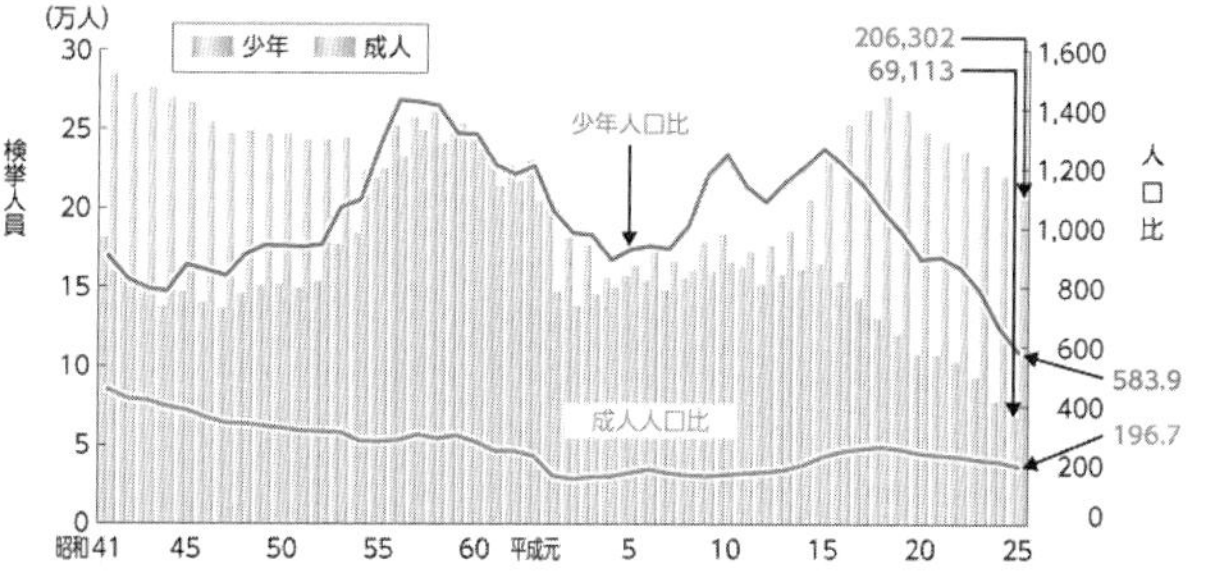

注 1 警察庁の統計，警察庁交通局の資料及び総務省統計局の人口資料による。
2 犯行時の年齢による。ただし，検挙時に20歳以上であった者は，成人として計上している。
3 触法少年の補導人員を含む。
4 ①において，昭和45年以降は，自動車運転過失致死傷等による触法少年を除く。
5 「少年人口比」は，10歳以上の少年10万人当たりの，「成人人口比」は，成人10万人当たりの，それぞれ刑法犯・一般刑法犯検挙人員である。

(参考) 少年による刑法犯　検挙人員・人口比の推移　平成26年版 犯罪白書より

このように、事実（数字）ベースで語らないと、簡単に「ウソつき」認定されることになります。そして、調べてもいないことを発言する人として、その後の発言の信用は一気に失われてしまうでしょう。

少し違った角度からも話をしてみましょう。

私はプロスポーツ選手や指導者の研修にも登壇します。いろいろな話を伺いますが、いまはプロスポーツの世界でもデータを駆使して戦略を練る時代とのこと。

あるバレーボールの試合で、監督がタブレットを片手に持ってデータを見ながら指示をしている姿がありました。あなたもテレビ中継などで見たことがあるかもしれません。

あるいはサッカー中継などを見ていても、簡単に両チームのボール保有率や選手の移動距離などをデータで持つことができることに驚かされます。

事実（数字）ベースで話さず、「お前は走りが足りない！」なんて選手に怒鳴るコーチは、おそらくいなくなるのだろうと想像します。

まとめると、「時代」に乗り遅れたビジネスパーソンは信頼されないということ。

ではその時代とは何か。

事実（数字）をベースにして物事を論じることが常識になる世界のことです。

数字で考えるということは、数学や算数ができることではなく、数字ベースで考えるために、しっかりとファクト（事実）を捉え、そこから考えることを指します。

ファクトの数字から考えられる人は、自然と信頼感が上がっていくのです。そしてそれは間違いなく、あなたの成果や評価に直結します。

3つのメリットに共通すること

ビジネスパーソンがなぜ数字で考える必要があるのか。

その答えとして、3つのメリットがあることをお伝えしました。あらためて整理します。

- **問題解決能力が高まる**
- **説得力のあるプレゼンテーションができる**

・ファクトベースの信頼感が持てる

実はこの3つの解説文章の中に、ある共通する文章があったことにお気づきでしょうか。ページを戻って読み直していただくのは申し訳ないので、答えを示します。

「あなたの成果や評価に直結する」

問題解決できること。説得力を身にまとうこと。ビジネスパーソンとして信頼されること。これらはすべて、あなたの成果や評価に直結することです。

これが「ビジネスパーソンがなぜ数字で考える必要があるのか」という冒頭の問いに対する私の答えであり、あなたに本書をこの先も読み進めていただくメリットなのです。

「数字で考える」を定義する

数字とは、「コトバ」である

数字で考えることのファーストステップ。それは「定義する」ことです。

なぜこのようなことをするか。

それは、「数字で考える」を身につけるためには、「数字で考えるとは何か」をはっきりと定めないといけないからです。

例えばあなたが「お金」に関する情報を求めてセミナーに参加したとします。どうも講師の話がしっくりこない。それはおそらく、あなたと講師の「お金」に対する定義が違うからです。

定義とは「ある概念・内容・言葉の意味をはっきりと定めること。それを述べたもの」と説明できます。

少しエクササイズをしてみましょう。

Q「会議」を定義してください

唯一の正解があるわけではありません。あなたなりに、自由にこの言葉を具体的にはっきり言葉で定めてみてください。私もやってみます。

「会議」↓意思決定や情報共有を目的に必要な人間が集い、限られた時間の中で目的を達成するためのコミュニケーションをする活動

「会議」をしっかり定義できていない企業はおそらくたくさんあることでしょう。だから無駄な会議がなくならないのかもしれません。

同じように、「数字で考える」を身につけるためには、「数字で考える」を定義しなければなりません。

おそらく多くの人は、普段こんなこと考えたこともないでしょう。しかし、普段は考えないことを深く考えることで、物事の本質に迫ることができるようになります。

では本題。まずは次の問いに、あなたはどう答えますか。

Q 「数字」を定義してください

某企業の営業マンは「毎月追いかけるものである」と答えました。

ある経理部員は「整えるものである」と答えました。1桁レベルの誤差もチェックする仕事だからでしょうか。

またある経営者は「体調を教えてくれるものである」と答えました。会社の状況、いわば体調を教えてくれるという価値観なのでしょうか。面白いですよね。いろんな答えがあるものであり、絶対の正解はありません。

ただ、すべてのビジネスパーソンに共通する答えのひとつとして、私はこう定義したいと思っています。

「数字とは、コトバである」

この定義がしっくりくる方もいれば、ピンとこない方もいるでしょう。

少し解説が必要だと思います。

例えばあなたがコンビニエンスストアで買い物をするとします。購入するものをレジに持っていくと店員がバーコードをスキャンし、袋詰めして、あなたに手渡します。店員があなたに「1,100円になります」と告げ、あなたはその金額を支払い、店をあとにする。

当たり前のこのプロセスの中に、たった一度ではありますが、人と人とのコミュニケーションが存在します。数字がコミュニケーションの道具として使われた瞬間です。

あるいは、あなたが会社の忘年会の幹事を任されたとしましょう。

利用する候補の店を見つけ、直接出向いて店側と細かい相談をします。「人数は何名?」「ご予算は?」「時間は?」……と、店側はあなたに尋ねます。当然です。必ず把握しなければならない極めて重要な情報だからです。これもまた、数字をコミュニケーションの道具として使っている典型的な例でしょう。

このように、私たちが普段どういう場面で数字を使っているかを考えてみると、数字とはコミュニケーションの道具として定義するのが自然ではないでしょうか。

つまり、「数字とは、コトバ」なのです。

「数字が苦手」と「数字で考えることが苦手」はまったく違う

多くのビジネスパーソンが「私は数字が苦手で……」と言います。

もしかすると、あなたもそのひとりかもしれません。

しかし、先ほどのように定義することで、その「苦手」の正体がわかってきます。
結論から言えば、数字が苦手なビジネスパーソンなどひとりもいません。

なぜなら、もしあなたが「数字が苦手」だとすると、「コトバが苦手」ということになるからです。「コトバが苦手」とは、いったいどういうことでしょうか。
先ほどの事例で登場した「1,100円」というコトバを聞いて、あなたは不快になるでしょうか。忘年会の幹事になったとして、店側とコミュニケーションをする際に「なんか苦手だな」などと思うでしょうか。
そんなことは思わないはずです。

では本当は何が苦手なのか。

× **「数字が苦手」**
○ **「数字で考えることが苦手」**

これが私の整理です。

本当は、数字が苦手なのではなく、数字で考えることに慣れていないだけなのです。

「数字が苦手」は、使うコトバが好きになれない、ということを意味します。ポジティブな言葉はなんとなく苦手、下品な言葉はなんとなく使いたくない、という感覚と同じです。

先ほどお伝えしたように、数字というコトバがなんとなく苦手、という人はほとんどいないというのが私の考えです。

一方、「数字で考えることが苦手」は文字通り**「考えることが苦手」**だということ。課題は「数字」そのものではなく、「考える」にあること。つまり具体的な考え方さえ知れば、この問題は解決するということになります。

もしあなたが「数字が苦手」と思っているなら、必ずここを理解してください。

あなたはすでに数字と仲良くしています。

使うコトバが嫌なのではなく、そのコトバで考えることに慣れていないだけなのです。

「四則演算」（＋－×÷）ができれば誰でもできる

このような話をすると、「そうおっしゃいますけど、でも計算とか絶望的に苦手なんですけど……」といった〝反論〟をいただくことがあります。

確かに計算力には、個人差があると思います。

ここで、ある研修の休憩時間にご質問いただいた山口さん（仮名）という女性と私の対話をご紹介します。少々長くなりますが、最後まで流し読みしてみてください。

山口「そうおっしゃいますけど、でも計算とか絶望的に苦手なんですけど」
深沢「絶望的ですか（笑）」
山口「笑いごとじゃないですよ。本当に自分でパッと計算ができなくて……」
深沢「山口さん、数字とは……なんでしたっけ？」

山口「コトバです」
深沢「では、計算とはなんだと思いますか？」
山口「え？？」
深沢「数字とはコトバである。ではそれを使ってする計算とはなんでしょうね」
山口「……？」
深沢「私の答えは、文章です。複数のコトバを組み合わせて紡ぐもの」
山口「文章、ですか？」
深沢「例えば利益ってどうやって計算しますか？」
山口「売り上げから費用を引く、とかですか？」
深沢「はい。いま山口さんは〝売り上げから費用を引くと利益になる〟という文章を作ったのです」
山口「？？」
深沢「山口さんは、足し算・引き算・掛け算・割り算はできますか？」
山口「え、ええまあ」
深沢「じゃあ大丈夫です。ビジネスに必要な計算は全部できます」

山口「？？」

もちろんこのあと、私はホワイトボードを使って山口さんに解説を続けました。

この「文章を作る」という感覚、あなたには伝わったでしょうか。

さっそく本書でも続きを解説します。


まず、「売り上げ－費用＝利益」という当たり前の計算。

これもビジネスで使う文章のひとつです。この利益とは、「売り上げと費用を組み合わせてできるもの」です。そして3つとも数字。つまりコトバです。

3つのコトバを関連づける行為が「計算」とは言えないでしょうか。

もっとシンプルな例を挙げるなら、「本体価格＋税額＝総額」という計算。これもまた、3つのコトバを関連づけたものであり、日常生活で使われる文章と言えます。

似た例をもうひとつ挙げます。

ある企業のひとりあたり生産性（円／人）

＝　その企業が生み出す総付加価値（円）**÷　従業員数**（人）

これもまた3つとも数字。つまりコトバです。コトバを関連づける行為が計算とは、つまりこういうことです。

何を申し上げたいかというと、**ビジネスで使う計算は、必ずコトバを関連づけた文章になっているということ。**

小学校時代に算数のドリルでたくさん計算問題を解いた方も多いことでしょう。そこでする計算はおそらく次のようなものだったはずです。

問題：次の計算をしなさい

50÷4×2＋42÷7＝？

これはコトバを関連づけたとは言えません。なぜなら、「50」が何を意味するのか、

「4」が何なのか、さっぱりわからないからです。

このような計算問題が机上で解けたところで、ビジネスではなんの意味もありません。

しかし、先ほどご紹介した利益や生産性を算出する計算は、ビジネスにおいて極めて重要な意味を持ちます。

ビジネスパーソンがする計算とは、複数のコトバを関連づけて文章を作ることであり、実際の数字の計算は電卓や表計算ソフト、ＡＩにやってもらえばいいのです。

子どもの頃に求められた計算力とは、まさに電卓や表計算ソフト、ＡＩがする計算のことだったかもしれません。

しかし、**私たちビジネスパーソンに求められる計算力は違います。**

シンプルにいえば、文章を作る能力なのです。あとは四則演算（＋－×÷）をするだけ。いいえ、指示をするだけ。数字にアレルギーのある（と思っている）方でも大丈夫。

「数字で考える」は誰でもできるのです。

最後に少しだけエクササイズをご紹介します。複数のコトバを使って文章を作る感覚を身につけておきましょう。文章さえ作れば、ビジネスパーソンがする計算は99％完了しているということです。

◎エクササイズ

Q1　効率よく儲かっていることを説明する文章は？
Q2　1カ月の勤務時間を伝えるときに使う文章は？
Q3　売り上げを表現する文章は？

↓

A1　（営業利益率）＝（営業利益）÷（売り上げ）
A2　（一カ月の勤務時間）＝（始業〜定時までの時間）×（勤務日数）＋（総残業時間）
A3　（売り上げ）＝（いただくお金）－（お返しするお金）＝（入金）－（返金）

数字で考える＝定義×計算×論理思考

ところで、思い出していただきたいのは、ここでの主題は「〝数字で考える〟を定義すること」だということ。そのために「数字」と「計算」を定義してきました。おそらく本書では、このあとに何度もこの「定義する」ことの必要性を語ることになるでしょう。私は定義することのヘンタイです。

本書を通じて、物事を定義することの重要性も併せてお伝えします。

ですがその前に、まずは目前にある主題の結論を急ぎます。

「数字で考える」とは何か。その定義は次の通りです。

数字で考える＝定義×計算×論理思考

「数字で考える」とは、定義し、計算し、そして論理思考を使うことである。

3つの要素の掛け算で成立するものとしています。掛け算ですから、どれかひとつがゼロなら（欠けたら）すべてゼロ。つまり4つのコトバを四則演算で関連づけたわけです。

最後の「論理思考」。

よく耳にする単語ですが、あらためてここで言語化しておきます。

論理思考とは、筋道を立てて考えること。

例えば先ほどの43ページにある「Q3：売り上げを表現する文章は？」の、私の解答をもう一度ご紹介します。

（売り上げ）＝（いただくお金）－（お返しするお金）＝（入金）－（返金）

ではこの例では、論理思考とはどう使うものか。

例えばこの文章は使っているコトバが少々〝ざっくり〟していますよね。

もう少し扱うコトバを〝具体的〟にすると、次のように表現することもできます。

（売り上げ）＝（入金）－（返金）

（売り上げ）＝（客単価）×（来店数）×（成約率）－（返品単価）×（返品数）

もし売り上げが落ちてきているとすると、究極までシンプルにして考えると理由は（入金）が減っている。あるいは（返金）が増えている。あるいはその両方です。

四則演算することでそれがはっきりし、仮に（返金）が増えているとするならば、（返品単価）か（返品数）どちらが増加しているのかを把握します。

売り上げが減っている

←定義×計算

（売り上げ）＝（入金）－（返金）

←つまり

（入金）が減っている。あるいは（返金）が増えている

←そして

実際は（返金）が増えていると判明

←定義×計算

（返金）＝（返品単価）×（返品数）

←つまり

（返品単価）か（返品数）、あるいはいずれも増加している

←そして

実際は（返品数）がこの半年で30％も増加していると判明

←つまり

（返品数）の増加が大きな要因になっていると判明

この一連の流れが「数字で考える」の極めてシンプルなお手本です。

そして筋道を立てて考えるとは、（←そして）や（←つまり）で表現される部分のことを指します。

「数字で考える」とは、定義と計算と論理思考という3つの行為で成り立っており、どれかひとつでも欠けてはいけないことがご理解いただけるでしょうか。

以上で、本書は「数字で考える」を定義したことになります。

徹底的に数字で考える人になるために必要な2つのこと

間違える可能性をどれだけ下げられるか

（ファクトベース思考）

次に必要なことは何か。結論から言えば、「数字で考える」の全体像を理解することです。

「数字で考える」とは2種類あります。次の2つです。

- ファクト（事実）ベースで考える
- アサンプション（仮定）ベースで考える

まずは**「ファクトベースで考える」**です。すでに「ファクトベースの信頼感」という言葉でお伝えしている概念ですが、これが「数字で考える」の50%を占めています。

まずは背景からご説明しましょう。

私は企業研修の現場で参加者に発言を求めることがありますが、そんなときに気づかされることがあります。それは、いまビジネスパーソンは「間違ったことを言いたくない」という思いが強いということです。

何が正解なのかなんて誰にもわからない世界で生きている私たちにとって、正解を言おうとはそもそも思っていない。でも、「それはちょっと違うんじゃないか?」と思われるようなことだけは言いたくない。恥をかきたくない。失敗したくない。そんな感情があるのではないかということです。

もちろん私にもそれはありますが、この数年はその傾向が顕著だと感じています。

仕事で成果を出そうとしたとき、そのアプローチには2種類あります。

ひとつは成功の可能性を高めること。

もうひとつは、失敗する可能性をできるだけ下げること。

例えば「プレゼンテーションの失敗事例」を徹底的に集めて分析した結果、紙1枚で説明することが最も失敗する可能性が低いという結論に達した場合などです。

個人的にはアプローチはどちらでもいいと思っています。

ただ、「間違える可能性をできるだけ下げる」という選択をするのであれば、当然ながら事実ベースで物事を考えなければなりません。そして事実ベースということはつまり、手元にある数字をベースに考えるということです。

・昨年の売り上げデータから、今年の販売計画を立てる
・過去5年の数値から、人件費の増加がどれくらい経営を圧迫しているかを分析する
・資料作りが遅い新人は、いったいどこに時間がかかっているのかを把握する

これらはすべて事実ベースで数字を使うことができます。

事実ベースですから、その数字はまさしく事実。出す結論が間違っている可能性が

低くなるわけです。

多くのビジネスパーソンがイメージする「数字で考える」とは、このファクトベースのことのはずです。しかし、これはあくまで50％にすぎません。

「正解のない問い」を数値化して考える（アサンプションベース思考）

では残りの50％はなんでしょうか。

それは**「アサンプションベースで考える」**です。

アサンプションとは想定、あるいは仮定のことを指します。先ほどのファクトベースと違い、「事実」が手元にないときにこちらの考え方を使います。

間違える可能性を下げるため、ファクトベースで仕事を進めたい。でもファクト（事実）がない、わからない。じゃあ「数字で考える」は残念ながら不可能、おしまい。という結論はあまりに寂しいですよね。

ファクト（事実）がないなら、仮定することで仕事を進めるしかありません。

もう少し具体的にお伝えします。

先ほどのファクトベースの例をひとつ挙げます。

・昨年の売り上げデータから、今年の販売計画を立てる

でもこれは「昨年の売り上げデータ」というファクトがあるから成立することです。

もしこれが、今年からスタートする新規事業だとしたらどうなるでしょうか。

・今年の販売計画を立てる

こうなります。ここで「ファクトがないから、計画を立てるなんて無理です」と言う人はいないはずです。もしそんな人がいたとしたら、その人には新規事業は任せないほうがいいでしょう。

多くの人は、次のように考えるはずです。

・さまざまなシナリオを想定しながら、今年の販売計画を立てる

事実が手元になくても、仮定しながら数字で考え、正解のない問いに対して答えを出す。これがアサンプションベースという、仮定して考える力のことです。

もちろんこのアサンプションベースは簡単ではありません。

どうすればできるようになるのか、本書の後半でたっぷりお伝えしていきます。

整理すると、「数字で考える」には2種類あります。ファクトベースとアサンプションベース。そして一連の流れを整理したものが次のフローです。

間違えたくない

←

だからファクトベースが理想

←

しかしファクト（事実）がない

↓ そこでアサンプションベースを選択
↓ すべての人間はアサンプション（仮定）ができる
↓ どんなときも、どんな人でも、「数字で考える」はできる

ファクト（数字）があれば数字で考えられます。

ファクトがなかったとしても、あなたには仮定し、そこから数字を作ることができます。できない人はひとりもいません。どんなときも、どんな人でも、「数字で考える」はできる。私がお伝えしたいことは次の2行に集約されます。

数字で考えることができない人はいないし、ビジネスシーンに存在するすべての物事や出来事を数字で考えることは可能である。

ヒト・モノ・カネを「動かす力」を手に入れる

ファクトベースとアサンプションベースを組み合わせ、「数字で考える」の手法を身につける。それが本書のゴールです。

でもそれは仮のゴールであり、本当のゴールは別にあります。あなたにひとつ問いがあります。

Q 「数字で考える」の真のゴールはなんでしょうか

「数字で考える」ができるようになることがあなたの目標ではないはずです。それができることで、「実現したい何か」があるはずです。

ビジネスパーソンがなぜ数字で考える必要があるのか。

その答えとして3つのメリットがあることをすでにお伝えしています。

・問題解決能力が高まる
・説得力あるプレゼンテーションができるようになる
・ファクトベースの信頼感が身につく

でもこの3つは単なる表面的なメリットにすぎません。この3つを手に入れること自体がゴールではありません。では何が真のゴールか。

それは、**「ヒト・モノ・カネを動かすことができる」**というのが私の答えです。

・**問題解決　→売り上げが増える、人数が増える、時間が短縮できる……など**
・**説得力　→「なるほど」と納得し動いてくれる**
・**信頼感　→指示をすんなり受け入れて動いてくれる**

数字で考えることは、このようにヒト・モノ・カネを動かすことに直結します。私は「数字で考える」の真のゴールを次のように定義しています。

あなたが動かしたいものを動かすこと。

ビジネスとはシンプルに言えばヒト・モノ・カネを動かすこと。

つまり、「仕事ができるビジネスパーソン」とは、ヒト・モノ・カネを動かすことができる人です。これが世の中で言われ続けている、「仕事ができる人は、数字で考える」の正体なのです。

#「数字で考える」のすべて

ここまで「数字で考える」の本質をできるだけ噛み砕き、平易な言葉と事例でお伝えしてきました。そろそろ第1章のまとめに入ります。

いわば「数字で考える」のすべてと言ってもいいでしょう。

数字のような量で表現できるものを一般的には「定量的なもの」と呼びます。

一方、そうでないものを一般的に「定性的なもの」と呼びます。

例えばあなたの身長が175cmであることは定量的な情報であり、あなたがイケメン・美女であることは定性的な情報ということになります。

ご紹介したファクトベースの場合、すでに事実が数字として手元にあります。

ですから「数字で考える」の成果物も当然ながら数字で表現できるものになるでしょう。つまり、この場合は定量的な情報から定量的な情報を作ることになります。

これを便宜上、**「定量→定量」**と表記します。

ではアサンプションベースはどうでしょうか。

手元に数字がない、つまり定性的な情報しかない状態です。そこから仮定することをベースにし、成果物となる数字を作っていくことになります。

つまり定性的な情報から定量的な情報。**「定性→定量」**となります。

成果物として数字があれば、それを使って自分（あるいは相手）を納得させることができます。納得したその人物は、ヒト・モノ・カネを動かすことができます。

ヒト・モノ・カネが動けば、何かしらの結果が出ます。

その結果を表す新たな数字が（今度は確実に事実として）手に入ります。そしてその定量的な情報をまたファクトベースで考えることで、その結果の原因が数字で特定できます。それを使って自分（あるいは相手）を再び納得させることができ、納得したその人物はまたヒト・モノ・カネを動かします。そしてその結果を表す新たな数字が（今度も確実に事実として）再び手に入ります。

どこかで聞いたような話でしょう。お気づきかと思いますが、このフローはまるでサイクルのように同じ行為を繰り返していく構造になっています。

私が言うまでもなくこれは仕事の基本。そしてビジネスパーソンが数字を使うことの本質です。

おそらくあなたにとって真新しい話ではないはず。ビジネスの世界で言われ続けている基本の話。でもそれと本書でお伝えする「数字で考える」がいかに密接に関係しているのかが伝わっていれば幸いです。

ここから先は、「数字で考える」の具体的な方法論をお伝えしていきます。ファクトベース（定量→定量）の仕事術については第2章と第3章で、アサンプションベース（定性→定量）の仕事術については第4章でたっぷりお伝えしていきます。

皆さんが最も知りたいであろう「ＨＯＷ」の話に入りましょう。

ファクトベース	アサンプションベース
定量→定量 （第２章　第３章）	定性→定量　（第４章）
↓	↓

具体的な数字

↓

納得

↓

ヒト・モノ・カネ　を動かす

↓

結果（数字）の把握

↓

定量→定量　（第２章　第３章）

↓

原因（数字）の特定

↓

納得

↓

ヒト・モノ・カネ　を動かす

第2章

「原因」と「結果」を数字で考える

難しい問題は、
小さく分けて考えなさい。

ルネ・デカルト
（数学者 / 1596〜1650）

結果は数字で報告できるが、原因を数字で語れない人

「結果」から「原因」を語れるか

第1章で、ファクトベースとは、事実（＝数字）にもとづくことだといいました。
この「事実」とは「結果」という表現に置き換えられます。あなたが勤める会社の売上高は「事実」であり、「結果」と同義です。

「事実」＝「結果」

こう定義すると、ファクトベースで考えるとは得られた結果（＝数字）にもとづい

て考えることとなります。

ビジネスの結果とはたいてい数字で手元にあるものです。例えば昨年の売上高、先月の退職者数、昨日実施した顧客満足度調査……など。あなたはこれらの結果を難なく数字で用意することができるはずです。しかし当然ながらこれらの数字を揃えることがファクトベースで考えるということではありません。

「事実」を数字で語るだけなら、小学生でもできることです。ビジネスパーソンが目指すものはこれとは違います。

「結果」から「原因」を数字で導き出す。

これが正しい「ファクトベースで考える」という行為の定義であり、私たちビジネスパーソンの仕事なのです。

「結果」から「原因」を導けない理由

しかし現実はこの数字のファクトベースで考えることができなくて悩んでいるビジネスパーソンが多いのです。もしかすると、あなたもそうかもしれません。

なぜできないのか。その理由はこうです。

結果（数字）から原因（数字）を導く方法を知らないから。

例えば、次の例を見てください。

・売上高 0・2億円ダウン
・退職者14名
・顧客満足度5ポイント減少

結果	
内容	数字
昨年の売上高	一昨年より 0.2 億円ダウン
昨年の退職者数	14 名
昨日の顧客満足度調査	1 年前よりも 5 ポイント減少

↗ **以上です！** ×

↘ **原因は……** ○

この0・2億円という表面上の数字をただじっと見ていても、「原因」という欲しい情報は永久に手に入りません。つまり、0・2億円という数字の裏側を読まないといけないのです。退職者14名も顧客満足度5ポイント減少も同じこと。

「結果」という数字の裏側を読むことが、原因を探ることに直結するのです。具体的な手法はのちほど一緒に考えていきたいと思います。

その前に、どうすればファクトベースで仕事ができるようになるのか。

それを理解し実践するために、**「現代のビジネスパーソンがかかってしまう病」**の解説をしていきます。

データはあるのにどうしたらいいかわからない症候群

あなたは健康ですか?

私はビジネス数学教育家としてさまざまなビジネスパーソンの研修に登壇してきましたが、そこで発見した事実があります。

「結果」から「原因」を導けない理由は、多くのビジネスパーソンがかかってしまう病のせいです。あなたはいったいどんな症状を想像するでしょうか。

その症状とは、次のものです。

データはあるのにどうしたらいいかわからない症候群

ファクトベースで考え、「結果」から「原因」を導き出し、動かしたいものを動かす。そんな仕事をするにあたり、大きな障害になっている病です。ひょっとしたらあなたも罹患《りかん》しているかもしれません。

そこでここからはこの病の正体を明らかにし、それに連動させながらファクトベースで考える具体的な手法をご紹介してまいります。

「データの海」で溺れる人たち

データはあるのにどうしたらいいかわからない症候群。このネーミングは、私が研修などの現場で実際に耳にしてきた、多くのビジネスパーソンが発する言葉そのものです。

ここでご紹介するのは、ある研修でお会いした片瀬さん（仮名）という男性と私との会話です。まずはいったん最後まで流し読みしてみてください。

片瀬「いや～、数字ってなんか苦手なんですよね」
深沢「例えばどういうときにそう感じますか？」
片瀬「どういうとき、ですか？」
深沢「ええ。皆さん苦手とざっくりおっしゃるのですが、具体的にどういうときに、なぜそう思うのでしょう」
片瀬「うーん……」
深沢「これは私の勉強のためですので、思ったことを率直におっしゃってください」
片瀬「社内には仕事に役立ちそうなデータがいっぱいあるんですよ。データベースを開いたり、過去の会議資料を引っ張り出せば、いくらでもデータはあるんです」
深沢「ええ」
片瀬「で、それをいったいどうしたらいいかがわからなくて……」

この片瀬さんの悩み、あなたも共感する部分があるのではないでしょうか。
ではもうひとつ、別の研修でお会いした本田さん（仮名）という女性と私の対話もご紹介します。こちらも流し読みしてみてください。

本田「私、こう見えて、意外と数字好きなんですよ」
深沢「おお、すごいじゃないですか」
本田「いろいろ本とか読んだり、ネットで調べたりして、エクセルの関数でパッとデータを加工したりするのが好きなんです」
深沢「ご自分で勉強するなんて、素晴らしいです！」
本田「でもね、先生……」
深沢「？」
本田「エクセルとかでデータをいろいろ触っているんだけど、ひと通り知っている関数とかテクニックで数字を触り終えると、手が止まっちゃうんですよね」
深沢「おや」

本田「で、そこから何をしていいかわからなくなっちゃう感じ。わかります？」
深沢「ええ、とてもよくわかりますよ（笑）」

確かにエクセルなど表計算ソフトの使い方を知っていれば、データを触ることはできます。しかし重要な「成果物」がなぜか作れない。これもまた、ビジネスパーソンの皆さんからよく聞く症状なのです。

片瀬さんと本田さんに共通していること。もうおわかりですね。せっかく十分なデータが手元にあるのに、どうしたらいいかがわからないのです。

私はこの症状を「データの海で溺れる」と表現しています。

どういうことか、具体例を使ってご説明します。

次ページにある2種類のデータをご覧ください。

どちらも我が国の高齢者に関するデータです。ビッシリ並んだ数字。

◉世界の高齢化率の推移

1．欧米 （%）

	1950	1955	1960	1965	1970	1975	1980	1985	1990	1995	2000	2005	2010	2015	2020	2025	2030	2035	2040	2045	2050	2055	2060
日本	4.9	5.3	5.7	6.3	7.1	7.9	9.1	10.3	12.1	14.6	17.4	20.2	23	26.6	28.9	30	31.2	32.8	35.3	36.8	37.7	38	38.1
スウェーデン	10.2	10.9	11.8	12.7	13.7	15.1	16.3	17.3	17.8	17.5	17.3	17.3	18.2	19.6	20.3	21.1	22.1	23.3	24	24.1	24.4	25.2	26.3
ドイツ	9.7	10.6	11.5	12.5	13.6	14.9	15.6	14.6	14.9	15.5	16.5	18.9	20.5	21.1	22.2	24.1	26.8	29.3	30	30.2	30.7	31.4	31.7
フランス	11.4	11.5	11.6	12.1	12.8	13.4	13.9	12.7	14	15.1	16	16.5	16.8	18.9	20.7	22.3	23.9	25.2	26.2	26.5	26.7	26.9	26.9
イギリス	10.8	11.3	11.8	12.2	13	14.1	15	15.2	15.8	15.9	15.9	16	16.6	18.1	19	20.2	22	23.5	24.3	24.8	25.4	26.2	26.7
アメリカ合衆国	8.2	8.8	9.1	9.5	10.1	10.7	11.6	12.1	12.6	12.7	12.3	12.3	13	14.6	16.6	18.7	20.4	21.2	21.6	21.8	22.1	22.7	23.6

2．アジア （%）

	1950	1955	1960	1965	1970	1975	1980	1985	1990	1995	2000	2005	2010	2015	2020	2025	2030	2035	2040	2045	2050	2055	2060
日本	4.9	5.3	5.7	6.3	7.1	7.9	9.1	10.3	12.1	14.6	17.4	20.2	23	26.6	28.9	30	31.2	32.8	35.3	36.8	37.7	38	38.1
韓国	2.9	3.3	3.4	3.5	3.5	3.8	4.1	4.5	5.2	6	7.2	8.9	10.7	13	15.7	19.9	23.9	27.7	31.1	33.4	35.3	35.9	37.1
中国	4.4	4.1	3.7	3.4	3.8	4.1	4.7	5.3	5.7	6.2	6.9	7.7	8.4	9.7	12.2	14.2	17.1	20.9	23.8	25	26.3	29.4	30.5
インド	3.1	3.2	3.1	3.2	3.3	3.5	3.6	3.7	3.8	4.1	4.4	4.8	5.1	5.6	6.6	7.5	8.5	9.5	10.6	11.9	13.4	15.1	16.7
インドネシア	4	3.8	3.6	3.3	3.3	3.5	3.6	3.6	3.8	4.2	4.7	4.8	4.8	5.1	5.8	6.9	8.3	9.7	11.1	12.5	13.8	14.8	15.7
フィリピン	3.6	3.3	3.1	3	3	3.1	3.2	3.2	3.1	3.1	3.3	3.5	4.1	4.6	5.2	5.9	6.7	7.6	8.3	9.1	9.8	10.8	12.1
シンガポール	2.4	2.2	2	2.6	3.3	4.1	4.7	5.3	5.6	6.4	7.3	8.2	9	11.7	15	19.2	23.2	26.6	29.7	32	33.6	34.5	35.8
タイ	3.2	3.3	3.3	3.4	3.5	3.6	3.7	4	4.5	5.5	6.5	7.8	8.9	10.6	12.9	16	19.4	22.8	25.8	27.9	29	29.5	30.6

資料：UN, World Population Prospects：The 2017 Revision
ただし日本は、2015年までは総務省「国勢調査」
2020年以降は国立社会保障・人口問題研究所「日本の将来推計人口（平成29年推計）」の出生中位・死亡中位仮定による推計結果による。

◉都道府県別高齢者の数

	総人口（千人）	65歳以上人口（千人）
北海道	5,320	1,632
青森県	1,278	407
岩手県	1,255	400
宮城県	2,323	631
秋田県	996	354
山形県	1,102	355
福島県	1,882	569
茨城県	2,892	819
栃木県	1,957	536
群馬県	1,960	567
埼玉県	7,310	1,900
千葉県	6,246	1,692
東京都	13,724	3,160
神奈川県	9,159	2,274
新潟県	2,267	709
富山県	1,056	334
石川県	1,147	331
福井県	779	232
山梨県	823	245
長野県	2,076	647
岐阜県	2,008	589
静岡県	3,675	1,069
愛知県	7,525	1,852
三重県	1,800	522
滋賀県	1,413	357
京都府	2,599	743

	総人口（千人）	65歳以上人口（千人）
大阪府	8,823	2,399
兵庫県	5,503	1,558
奈良県	1,348	408
和歌山県	945	304
鳥取県	565	175
島根県	685	230
岡山県	1,907	567
広島県	2,829	809
山口県	1,383	462
徳島県	743	241
香川県	967	301
愛媛県	1,364	437
高知県	714	244
福岡県	5,107	1,384
佐賀県	824	240
長崎県	1,354	424
熊本県	1,765	531
大分県	1,152	367
宮崎県	1,089	338
鹿児島県	1,626	501
沖縄県	1,443	303

資料：平成30年版高齢社会白書（全体版）-4 地域別にみた高齢化

眺めているだけで不快になってしまう方もいるかもしれません。とてもではありませんが、これをすべて読んで記憶することなど不可能です。

さて、いまから私がひとつあなたにお願いをします。とてもシンプルなお願いです。

「これらのデータを複合的に使って、何かしてください」

おそらくあなたは戸惑うはずです。

なぜかというと、いきなりこんなたくさんのデータを使って何かしろと言われても、何をしていいかわからないからです。

仮にあなたがデータを眺めることにストレスがなく、表計算ソフトを操れる人だとします。おそらくこれらのデータを〝なんとなくいじくる〟ことはできるでしょう。

しかし考えられる作業を一通り終えてしまうと、そのあとに何をしたらいいか困ってしまうのではないでしょうか。

同じようなことは専門家の仕事においても言えます。

ある日、データ分析のコンサルタントとお話をする機会があり、とても印象に残っているエピソードがあります。

「クライアントにヒアリングするんですけど、だいたい言われるのが〝ウチの会社に蓄積されているデータを使って何かできませんか？（何かわかりませんか？）〟というセリフなんです。何をしたいのか、目的は何か、何もビジョンがないんです。そんな中で〝何かできませんか？〟って、ムチャクチャな相談ですよね（苦笑）」

彼が言ったことは、私が感じていることと同じでした。

つまり、これが先ほどの片瀬さんと本田さんの症状です。

では、もし私がしたあなたへのお願いがこの内容だったらいかがでしょうか。

「この中で都道府県別のデータのみ使い、地域ごとの傾向がないか調べてください」

おそらくあなたは都道府県別データ以外を捨てるはずです。

そして数字の大小から、何らかの傾向を探るでしょう。傾向が見つかれば、あなたはひとつ仕事をしたということになります。

扱うデータを特定し、さらに何をするのかをはっきり定義することで、具体的に仕事をすることができました。

「このデータを複合的に使って何かしてください」

というのは、広大な海の中で適当に泳いでくださいと言っているようなもの。そんなこと言われても困るし、どうしたらいいかわからない。

「この中で都道府県別のデータのみ使い、地域ごとの傾向がないか調べてください」

これなら簡単にできるはずです。

もしあなたもデータの海で溺れているとしたら、しなければならないことは次のステップを踏んで数字を読み解くことです。

ステップ１　いまから何をするのかを定義する
ステップ２　そのために必要なデータを特定し、ほかは捨てる
ステップ３　必要なデータだけを読み解き、成果物を作る

先に挙げた高齢者に関するデータの例においては、このようなプロセスで仕事をします。

ステップ１　仕事を「地域ごとに傾向がないかを分析」と定義する
ステップ２　都道府県別のデータだけを扱い、あとは捨てる
ステップ３　○○○○○という傾向があることを発見する

片瀬さんと本田さんに身につけてほしいのは、この仕事術なのです。

「数字で考える」の9割は、数字を触る前にある

時代は変わりました。いまはさまざまなものが簡単にデータで把握できる時代。極論、仕事で必要なデータが手元になくて困ることはなくなるでしょう。

ではいったい何で困るのか。

膨大なデータを前に何をしていいかわからなくなってしまうこと。

だからこそ、**私たちに求められるのは、どのデータを使い、どのデータは捨てるのかを考え、判断する力**です。

そこで、先ほどご紹介した仕事術をもう少しだけ深掘りしてみます。

あらためて、流れを整理します。

ステップ1　いまから何をするのかを定義する

ステップ2　そのために必要なデータを特定し、ほかは捨てる
ステップ3　必要なデータだけを読み解き、成果物を作る

ここで気づいていただきたいことがひとつあります。

それは、本書の主役でもある**「数字」を触る仕事は最後のステップ3だけ**ということです。

ステップ1、2はそもそも数字を触っていません。これはすなわち、数字を触る前にすることで溺れるか溺れないかが決まるということになります。

大げさではなく、**「数字で考える」仕事の9割は、数字を触る前にあるのです。**

顧客満足度90％は、果たしてすごいか？
〜数字の裏を読み解く〜

ご紹介した3つのステップのうち、ステップ1がしっかりできれば、おのずとステップ2も問題なくクリアできます。あとはステップ3の数字を読み解く作業だけがあなたに残ります。

先ほどの例でもそうでしたが、このステップ3に難しい理論や専門知識はいりません。四則演算（＋－×÷）ができれば十分です。

では、どういう視点で四則演算をすればいいのか。

パターンがいくつかありますので、その代表的なものをご紹介します。

まずは「%」という数字を読むときのコツです。

当たり前の話ですが、「%」という数字は分母と分子。もう少し具体的に言えば、もととなる数字に対して比べる数字の2つから成り立っています。パーセンテージというのは、2つの数字の比率（割合）を表したものだからです。

つまり、「～%」という数字を読むときには、その裏側にある2つの数字は何かを考えればいいのです。

例えば顧客満足度90%が示すことを正しく把握するためには、誰に調査したのか、そしてその人数は何名なのかを把握しなければなりません。そうすることで、その

90％を95％に増加させるためにはどうすればいいかも具体的に検討することができます。単に「5％増やしましょう」だけでは何をどうしたらいいかわかりません。

実際、「顧客満足度90％」という表現、これは果たしてすごいのでしょうか。

ここで考えなければいけないのは、この90％の裏にある2つの数字です。

ランダムに1000名の購買経験者に質問したうちの900名なのか。

5年以上そのサービスを利用している超優良顧客10名のうち9名なのか。

もし前者なら「概ねご満足いただけている」とポジティブな評価ができるかもしれませんが、もし後者なら1名が満足と答えなかった事実を問題視するネガティブな評価が妥当かもしれません。

この感覚を身につけていただくため、ひとつエクササイズをご用意しました。

〈エクササイズ〉

店A　昨年と同じ価格帯の商品で商売をし、今年の実績は前年比20％増だった。

店B　昨年より扱う商品の価格帯を10％上げ、今年の実績は前年比30％増だった。

さて、店Aと店Bはどちらが営業を頑張って数字を伸ばしたと評価しますか。

この例から、％の裏にある2つの数字を読み解いてみましょう。

まず、店Aの前年比20％増という数字を「売り上げ100を120に増やした」と変換してみます。つまり20の営業努力ということです。

店A：　100　→　120

一方、店Bはこうなります。

店B：　100　→　130

しかし、こちらは扱う商品の価格帯を10％上げたうえでの結果と考えられます。30

の増加のうちいくらかは価格が増加したことが理由と考えられないでしょうか。

そこで、価格の上昇分は割り引いて考えることにします。

つまり、上昇した130を110％にあたる1・1という数値で割るのです。

130÷1.1＝118.18・・・

つまり、およそ118が価格上昇という要素を除去した実績ということになります。増加30のうち営業努力で伸ばした数字がおよそ18。残り12が価格帯を上げたことで積み上げられた数字とも考えられます。

この考え方をもとに店Aの120、店Bの130という数字の中身を掛け算で分解して表現すると次のようになります。

店A：　120＝100×1.20　昨年より営業を20％頑張った

店B：　130≒100×1.18×1.10　昨年より営業を18％頑張った

真の意味で営業を頑張ったのは店Bではなく店Aという評価も考えられます。表面上の増加率だけで判断するのではなく、その裏にある数字を気にして読むことで違った説明ができたりする。これが、数字の裏を読むということです。

この机上のエクササイズに正解はありません。解釈の仕方はほかにもあるでしょう。**私がここで重要としたいのはあくまで「%」という数字を読み解くコツを掴むこと。コツとはその裏にある分母と分子の2つを明らかにすること。**これだけです。

「掛け算の分解」と「足し算の分類」
〜数値分析の基本は分けること〜

次に身につけていただきたいコツは、「分ける」ということです。具体的には、この2つです。

・掛け算で分解する
・足し算で分類する

いずれにも共通するのは、**もとの「大きい数」を「小さい数」に細分化する**という考え方です。この第2章ではファクトベースで考え、「結果」から「原因」を語れるようになることをゴールにしていますが、そのために極めて重要な視点です。

例えば、精密機械が誤動作を起こしたとしたら、その原因はたいていどこかのある小さな部品が不具合を起こしているケースが多いのではないでしょうか。

不具合が結果。原因がある小さな部品。結果から原因を探るためには細部を確認する必要があり、そのためには細分化して確認できる状態にしないといけない。「数字を読む」という行為も、まったく同じなのです。

先ほど登場した店Bの数字を思い出しましょう。

店B： 130 ≒ 100 × 1.18 × 1.10

これは、１３０という数字を１００と１・18と１・10という３つの数字の掛け算に分解した結果と言えます。

適当に数字をいじくりまわして得た結果ではなく、１３０を分解するという発想で行った計算なのです。

具体的には、次のような掛け算の分解をしています。

（今年の売り上げ）＝（昨年の売り上げ）×（営業の頑張り）×（製品の価格上昇）

ほかにも、ビジネスでは掛け算で分解することで、数字の裏が読み解ける例はいくらでもあります。

・（売上高）＝（平均単価）×（客数）
＝（平均単価）×（来店者数）×（成約率）

・ROE（自己資本利益率）

＝（当期純利益）÷（自己資本）

＝（当期純利益÷売上高）×（売上高÷総資産）×（総資産÷自己資本）

＝（売上高純利益率）×（総資産回転率）×（財務レバレッジ）

ROEという数字の裏を読み解きたいときは、ご覧のような掛け算に分解することで、それが増えた（減った）のはなぜか、売上高純利益率、総資産回転率、財務レバレッジ、どれに大きな理由があるのかを把握できるでしょう。

足し算で分類することについてもメリットは同じ。細分化して確認できる状態にすることで、その結果になった原因を特定しやすくします。

先ほどは「売上高」というものを掛け算で分解しましたが、例えばこのような分類で考えることも可能ではないでしょうか。分類するとき、私たちは足し算を使います。

・売上高＝（新規客の売上高）＋（既存客の売上高）

そこで、先ほどの掛け算の分解も混ぜて考えるとさらに売上高という数字を深く読み解くことができそうです。便宜上、新規客を意味する文字を「S」、既存客を意味する文字を「K」とするなら、

・売上高

＝（新規客の売上高）＋（既存客の売上高）

＝（S平均単価）×（S来店者数）×（S成約率）＋（K平均単価）×（K来店者数）×（K成約率）

なぜ売上高が増えたのか（減ったのか）、理由を明確にするために有効であろうことは容易に想像がつくことでしょう。

あなたが頻繁に仕事で使っている数字は、どんな掛け算に分解できるでしょうか。あるいはどんな足し算に分類できるでしょうか。

「結果」から「原因」を明らかにできていない理由は、意外にもこんな簡単なことなのかもしれません。現象には必ず理由があるのです。

傾向と異物を探せ
〜データ分析の専門家は何をしているのか？〜

最後にご紹介するコツは、いわゆるデータサイエンティストといったデータ分析の専門家も行っている方法です。それは次の2つです。

- **「傾向」と「異物」を探す**
- **そのためにまずはデータをビジュアル化してしまう**

私たちはデータ分析の専門家になることを目指しているわけではなく、彼らと同じことができるようになる必要はありません。

でも、彼らがしていて私たち素人でもできるビジネスに役立つデータ分析法があるなら、ぜひ盗みたい。そうは思いませんか。さっそくこの2つについて解説をします。

あなたがファクトベースで考えるとき、そこには必ず結果を表す数字やデータがあります。そして**数字を読み解く行為は、その数字から何らかの情報を見つけ出す行為**にほかなりません。

ではプロフェッショナルはそんな場面でどんな情報を見つけようとしているのか。

それが、「傾向」と「異物」です。

「傾向」の説明は不要でしょう。

・売上高が増大（減少）している
・社歴が長いほど残業時間が長い
・男性社員より女性社員のほうが退職率は高い

このような情報が「傾向」であり、重要な示唆を与えてくれる可能性があります。

次に「異物」についてです。

異物は、「異常値」や「外れ値」とも言い換えられ、明らかにほかとは数字の大きさや特徴が異なるものを指します。

◉世界の高齢化率の推移

1．欧米

（%）

	1950	1955	1960	1965	1970	1975	1980	1985	1990	1995	2000	2005	2010	2015	2020	2025	2030	2035	2040	2045	2050	2055	2060
日本	4.9	5.3	5.7	6.3	7.1	7.9	9.1	10.3	12.1	14.6	17.4	20.2	23	26.6	28.9	30	31.2	32.8	35.3	36.8	37.7	38	38.1
スウェーデン	10.2	10.9	11.8	12.7	13.7	15.1	16.3	17.3	17.8	17.5	17.3	17.3	18.2	19.6	20.3	21.1	22.1	23.3	24	24.1	24.4	25.2	26.3
ドイツ	9.7	10.6	11.5	12.5	13.6	14.9	15.6	14.6	14.9	15.5	16.5	18.9	20.5	21.1	22.2	24.1	26.8	29.3	30	30.2	30.7	31.4	31.7
フランス	11.4	11.5	11.6	12.1	12.8	13.4	13.9	12.7	14	15.1	16	16.5	16.8	18.9	20.7	22.3	23.9	25.2	26.2	26.5	26.7	26.9	26.9
イギリス	10.8	11.3	11.8	12.2	13	14.1	15	15.2	15.8	15.9	15.9	16	16.6	18.1	19	20.2	22	23.5	24.3	24.8	25.4	26.2	26.7
アメリカ合衆国	8.2	8.8	9.1	9.5	10.1	10.7	11.6	12.1	12.6	12.7	12.3	12.3	13	14.6	16.6	18.7	20.4	21.2	21.6	21.8	22.1	22.7	23.6

2．アジア

（%）

	1950	1955	1960	1965	1970	1975	1980	1985	1990	1995	2000	2005	2010	2015	2020	2025	2030	2035	2040	2045	2050	2055	2060
日本	4.9	5.3	5.7	6.3	7.1	7.9	9.1	10.3	12.1	14.6	17.4	20.2	23	26.6	28.9	30	31.2	32.8	35.3	36.8	37.7	38	38.1
韓国	2.9	3.3	3.4	3.5	3.5	3.8	4.1	4.5	5.2	6	7.2	8.9	10.7	13	15.7	19.9	23.9	27.7	31.1	33.4	35.3	35.9	37.1
中国	4.4	4.1	3.7	3.4	3.8	4.1	4.7	5.3	5.7	6.2	6.9	7.7	8.4	9.7	12.2	14.2	17.1	20.9	23.8	25	26.3	29.4	30.5
インド	3.1	3.2	3.1	3.2	3.3	3.5	3.6	3.7	3.8	4.1	4.4	4.8	5.1	5.6	6.6	7.5	8.5	9.5	10.6	11.9	13.4	15.1	16.7
インドネシア	4	3.8	3.6	3.3	3.3	3.5	3.6	3.6	3.8	4.2	4.7	4.8	4.8	5.1	5.8	6.9	8.3	9.7	11.1	12.5	13.8	14.8	15.7
フィリピン	3.6	3.3	3.1	3	3	3.1	3.2	3.2	3.1	3.1	3.3	3.5	4.1	4.6	5.2	5.9	6.7	7.6	8.3	9.1	9.8	10.8	12.1
シンガポール	2.4	2.2	2	2.6	3.3	4.1	4.7	5.3	5.6	6.4	7.3	8.2	9	11.7	15	19.2	23.2	26.6	29.7	32	33.6	34.5	35.8
タイ	3.2	3.3	3.3	3.4	3.5	3.6	3.7	4	4.5	5.5	6.5	7.8	8.9	10.6	12.9	16	19.4	22.8	25.8	27.9	29	29.5	30.6

資料：UN, World Population Prospects：The 2017 Revision
ただし日本は、2015年までは総務省「国勢調査」
2020年以降は国立社会保障・人口問題研究所「日本の将来推計人口（平成29年推計）」の出生中位・死亡中位仮定による推計結果による。

なぜ「異物」の存在があるかどうかを把握する必要があるかというと、あなたの導く結論に大きく影響するからです。

抽象的な説明なので、具体例を挙げます。

上の表は、何度も話題にしている高齢者に関するデータ。

まずは「欧米諸国と我が国で何か違いがないかを確認する」と仕事を定義します。

当然ながら「世界の高齢化率の推移」のデータのみ対象とするわけですが、ここでビッシリ書かれている数字を黙々と読み続けるのはとても大変なことです。

そうではなく、もっと簡単に傾向を掴める方法があります。

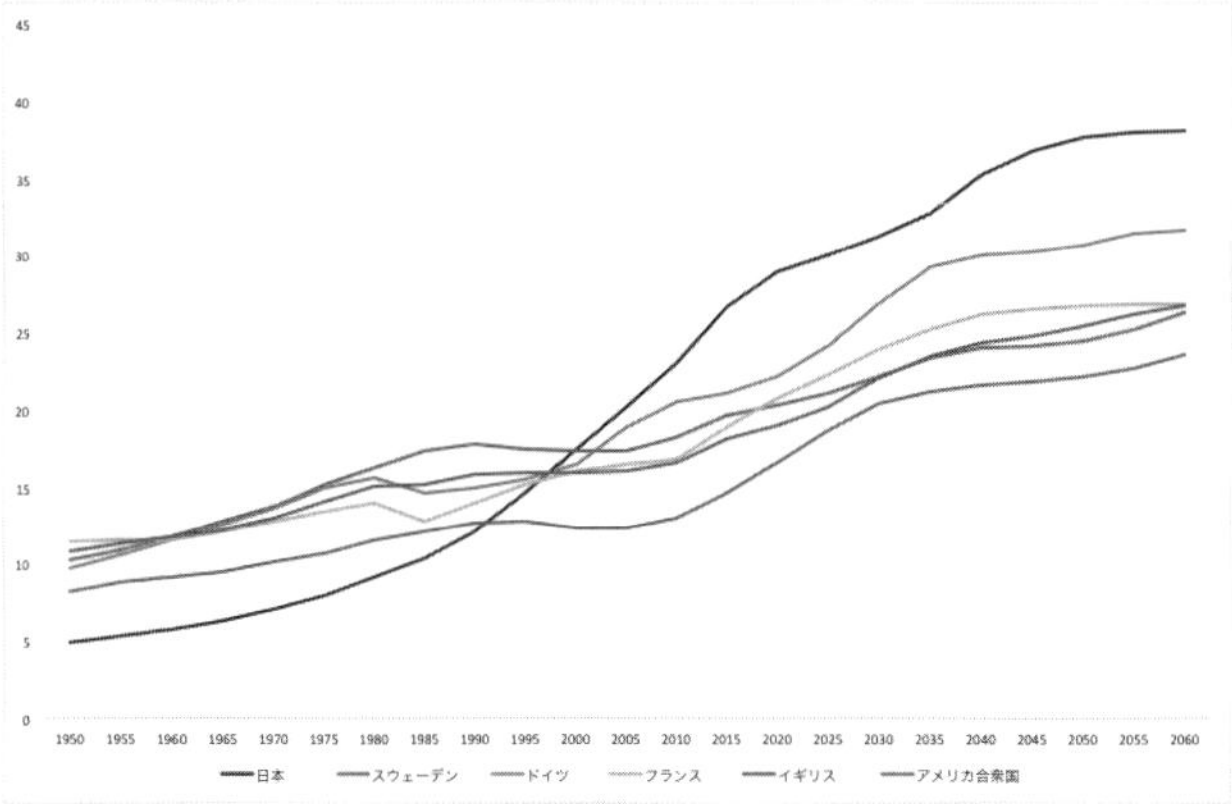

欧米諸国と日本の高齢化率推移（横軸：年／縦軸：高齢化率（%））

それは、「グラフにする」ことです。

いちいち細かい数字を見なくとも、このようにグラフにすれば一目瞭然。

各国とも上昇傾向であり、日本が特にその傾向が顕著であることが一目でわかります。

続いて「高齢者の地域差について傾向を探る」と仕事を定義します。

当然ですが扱うデータは「都道府県別高齢者の数」のみ。2種類の数字から65歳以上の人口率をすべての都道府県で算出し、そのデータを縦軸、各都道府県の人口を横軸にしてデータをプロットすると、次のページのようなグラフになります。

●都道府県別高齢者の数

	総人口（千人）	65歳以上人口（千人）
北海道	5,320	1,632
青森県	1,278	407
岩手県	1,255	400
宮城県	2,323	631
秋田県	996	354
山形県	1,102	355
福島県	1,882	569
茨城県	2,892	819
栃木県	1,957	536
群馬県	1,960	567
埼玉県	7,310	1,900
千葉県	6,246	1,692
東京都	13,724	3,160
神奈川県	9,159	2,274
新潟県	2,267	709
富山県	1,056	334
石川県	1,147	331
福井県	779	232
山梨県	823	245
長野県	2,076	647
岐阜県	2,008	589
静岡県	3,675	1,069
愛知県	7,525	1,852
三重県	1,800	522
滋賀県	1,413	357
京都府	2,599	743

	総人口（千人）	65歳以上人口（千人）
大阪府	8,823	2,399
兵庫県	5,503	1,558
奈良県	1,348	408
和歌山県	945	304
鳥取県	565	175
島根県	685	230
岡山県	1,907	567
広島県	2,829	809
山口県	1,383	462
徳島県	743	241
香川県	967	301
愛媛県	1,364	437
高知県	714	244
福岡県	5,107	1,384
佐賀県	824	240
長崎県	1,354	424
熊本県	1,765	531
大分県	1,152	367
宮崎県	1,089	338
鹿児島県	1,626	501
沖縄県	1,443	303

資料：平成30年版高齢社会白書（全体版）-4 地域別にみた高齢化

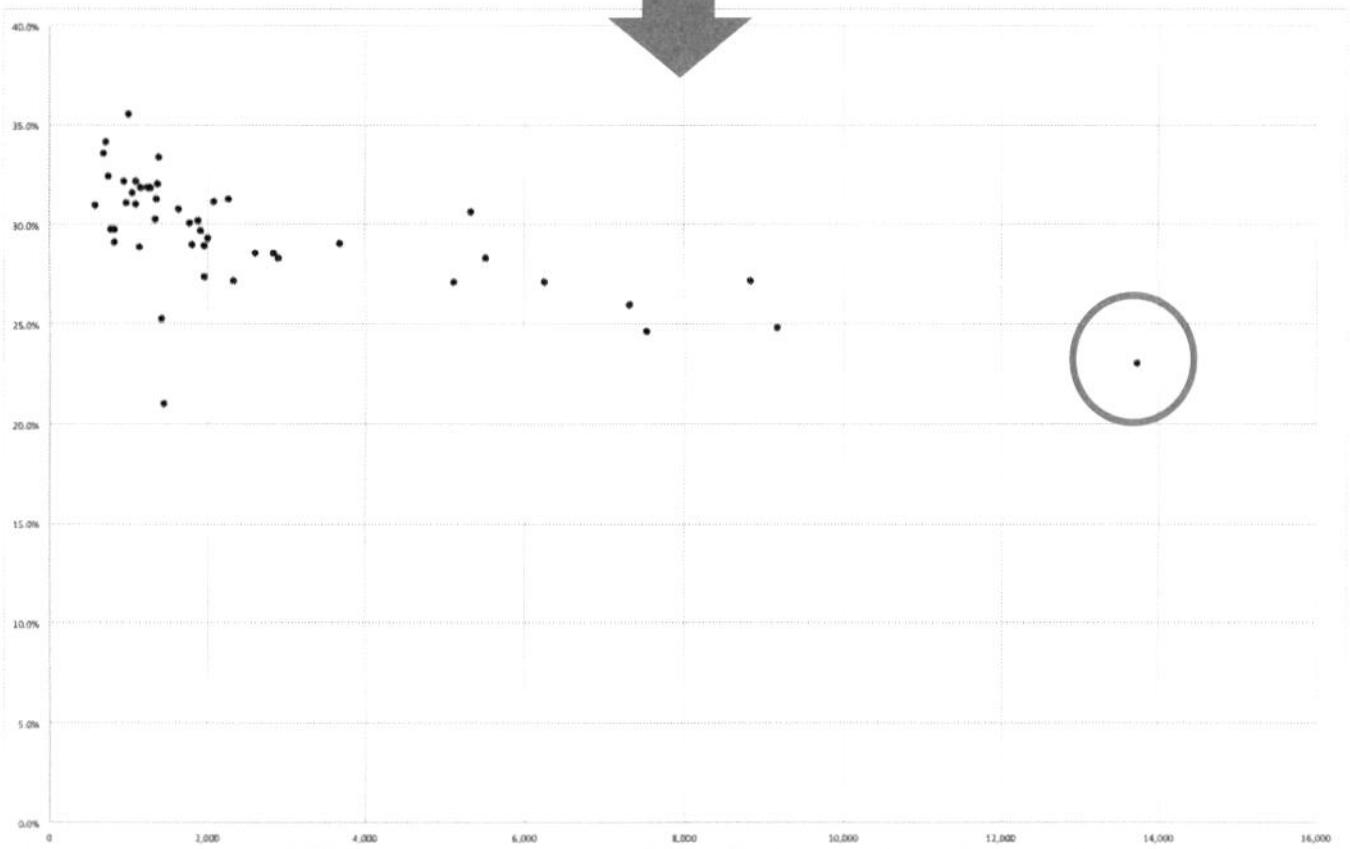

都道府県別　人口と高齢者率の関係（横軸：人口（人）／縦軸：高齢者率（%））

明らかにひとつだけ「異物」が存在します。人口が極めて多くかつ高齢者率が低い。ご想像の通り、このデータは東京都です。

つまり地域差という切り口で日本の高齢者について論じるときは、極めて特殊な東京都のデータは例外として扱うべきだと考えられます。「外れ値」である東京都と比較することにあまり意味はありません。「異物」を把握する目的は、こういうところにあります。

この例からわかるように、データ分析の基本は「傾向」と「異物」を見つけることです。

そして**「傾向」と「異物」を見つけるコツは、データをビジュアル化すること。**そうすることで視覚的に見つけることができるようになります。

先ほどご紹介したデータ分析の専門家のお話で、その方がおっしゃっていたことでもうひとつ印象に残っていることがあります。

それは**「データ分析はまず目でするのです」**という言葉です。まさに本書で説明していることであり、誰でもできる基本中の基本です。ぜひ実践してみてください。

ステップ3であなたがする代表的なこと。ここまでご紹介した3つを整理します。

- **「%」の数字を読むコツ**
- **分解の掛け算、分類の足し算**
- **「傾向」と「異物」をビジュアルで掴む**

もちろん私もデータを目の前にしたときに必ずすることです。これだけでもファクトベースで考えることは十分に可能といえます。

これに加えて、ステップ1としていまから何をするのかを定義し、ステップ2としてそのために必要なデータを特定し、あとは捨てる。

これを一連の流れとして実践すれば、あなたがデータの海で溺れることはなくなります。

「数字に強いのに成果が出ない人」に足りないもの

なぜPDCAは回らないのか？

データや結果から原因を導き出す方法についてご紹介してきました。

ただ、私たちの仕事はそれで終わりではありません。原因と思われるものを発見したら、それを改善するためのアクションを行い、本来の目的を達成することまでが仕事です。

つまり、導き出した原因となる数字をPDCAで回していくことです。

しかし、この当たり前のことを実際に行うとき、私たちの前にある壁が立ちはだかります。

「ＰＤＣＡサイクルが回らない」

念のため解説しておきますと、このＰＤＣＡサイクルとはPlan（計画）・Do（実行）・Check（評価）・Action（改善）を繰り返すことによって、生産管理や品質管理などの管理業務を継続的に改善していく手法のことです。

「ＰＤＣＡサイクルを回しましょう」

ビジネスパーソンで、この言葉を聞いたことがない人はおそらくいないでしょう。誰もが知っている、仕事で大事なこと。ビジネスセミナーに行けばかなりの確率で講師が口にする言葉。書店のビジネスコーナーに行けば、この言葉がタイトルに入っている本が目に入ります。

それほど言われ続けているのに、この言葉がこの世から消えることはありません。今日も明日も、誰かが「ＰＤＣＡサイクルを回しましょう」と声高に語る。いったいなぜビジネスパーソンはＰＤＣＡサイクルを回すことができないのでしょう？

本書はいまから、その答えを示します。結論はこうです。

「めんどくさいから」

ビジネス数学教育家の結論っぽくないでしょうか。もっと崇高《すうこう》な、さすがと思えるような答えを期待しましたか。ごめんなさい。

ではなぜ、「PDCAサイクルを回しましょう」ができない理由が「めんどくさいから」になるのか？　その理由をお伝えします。

例えば私に対してウェブサイト経由でセールスのメールを送ってくる会社がありす。毎月1度か2度、必ずその会社から営業メールが届きます。毎回まったく同じ内容。変えているのは担当者名だけ（そこじゃないだろうと突っ込みたくなりますね）。反応がなければ内容を変えて再アプローチする。営業の素人である私でも知っているセオリーです。

しかし、毎回まったく同じ内容の営業メールを送りつけるだけ。いったいなぜか。それは、いちいち検証して内容を変えて送ることが「めんどくさい」からです。

例えばYahoo!（ヤフー）のようなＷＥＢ媒体。あのような媒体にはたくさんのテキストリンクがあります。ユーザーはその短い文章だけで、その記事を読むかスルーするかを判断します。

当然、媒体側はどんな表現をするとクリック数が上がるのか検証していくことが求められます。

しかし、それはおそらくとてもめんどくさいことだと想像します。そんなプロセスを踏まず、「こういう型でテキストリンクの文章を作ればクリック率は○％以上を獲得できる」という方程式があればそれを使うだけでいい。

しかし現実はそうはいきません。「めんどくさい」に立ち向かう覚悟を決め、トライ＆エラーをしながら、クリック率を上げていく必要があります。

だからＷＥＢマーケティングの世界で活躍されている皆さんは今日もＰＤＣＡサイクルを回し、正解のない問いに答えを出そうとしているのでしょう。

「回さない」と「回せない」は違う

「回さない」と「回せない」は違う。まるで言葉遊びのようですが、この2つはまったく違います。

やったほうがいいのはわかっているけれど、それでもやらないのが「回さない」。

やる意思はあるけれど具体的にどうすればいいかがわからないのが「回せない」です。

私が救えるのはもちろん後者です。私はあくまでビジネススキルや思考法を指導する専門家であって、めんどくさがってやる気が起きない人のモチベーションを上げる専門家ではないからです。

誤解のないようにお伝えしておきますと、私は「回さない」人を否定するつもりはありません。

ひとりのビジネスパーソンとして、やったほうがいいことだとわかっていてそれでもやらないなら、

PDCAサイクルを回さない
やろうと思えばできるけれど、めんどくさいからやらない状態
回すという選択を、意図的にしていない
メンタルの問題

PDCAサイクルを回せない
やろうとは思っているんだけれど、どうしたらいいかがわからない状態
回すための具体的な手法を知らない
スキル（思考法）の問題

それも立派な選択であり生き方です。
もしあなたが「回せない」人、つまり「めんどくさい」が理由ではない人であれば、ここから先の内容はとても重要になります。

「回せない」人が見落としていること

「回せない」人に必要なことをお伝えします。
具体例で説明していきます。
次ページの表は、あるビジネスの5月と6月の比較です。

・**総売上高**
＝（新規客の売上高）＋（既存客の売上高）
＝（S平均単価）×（S来店者数）×（S成約率）＋（K平均単価）×（K来店者数）×（K成約率）

		5月	6月
新規	平均単価	15,000	14,500
	来店者数	78	95
	成約率	0.5	0.3
	売上高	585,000	413,250
既存	平均単価	20,000	20,500
	来店者数	21	20
	成約率	0.7	0.8
	売上高	294,000	328,000
	総売上高	879,000	741,250

6月の総売上高が5月に比べて減少しています。何が起きているのでしょうか。売上高という表面上の数字だけではそれはわかりませんが、このように掛け算で分解、足し算で分類することではっきりします。

6月新規の来店者が増えたにもかかわらず、成約率を落としています。せっかく来店いただいた新規客候補をうまく初回の成約に結びつけられなかった。

ここに課題が潜んでおり、改善するポイントだと仮説を立てます。そして具体的な策を実行し、7月の数字を検証する。

これが数字を使ってPDCAサイクルを回すことです。

ではここから本題。この例を振り返りながら、「回せない」人に必要なことをお伝えしていきます。

ここで重要なのは、売上高をこのような数式（文章）で表現するなら、当然ながらこれらすべてを数字で把握できることが前提だということです。

来店者数をカウントできる環境にないのであれば、そもそもＰＤＣＡサイクルが回せません。当たり前と思うかもしれません。しかし実は意外にここを見落としてしまうケースが少なくないようです。

成果を出したい、新しいことをやりたい、そんな人ほど、計画し、実行することまでは難なくできます。

しかし実行した結果（事実）が数字で残っていなければ、それが良かったのか悪かったのか、改善すべきことがあるのかないのか、判断できません。

ファクトベースで考える私たちは、ここで数字がしっかり揃っているかが重要になるのです。つまり、

数字で評価（Check）できるような準備と環境を整えておくこと。

これがとても重要です。

これがクリアされていれば、評価（Check）をするときに手元に事実が数字で示されているはずです。

そこで次に必要なことはそれらの数字を読み解く作業。本書ではその方法として基本的なものをすでに3つご紹介しています。あらためて確認しておきます。

- **「％」の数字を読むコツ**
- **分解の掛け算、分類の足し算**
- **「傾向」と「異物」をビジュアルで掴む**

先ほどの例では分解の掛け算、分類の足し算を活用し、そして最後に「新規客の対応に課題あり」といった仮説を立てました。

シンプルですが、整理するとこのような流れになります。

まず、事実を数字で揃える
↓
次に、数字を読み解く（主に3つの手法）
↓
最後に、仮説を立てる

意外と最初の段階に落とし穴があること、次のステップは簡単な手法でできることと、それがここまでの内容です。

最後に残っているのが「仮説を立てる」という仕事ですが、これについては少しここから深掘りしていくことになります。

仮説を立てられない人に足りない
たったひとつのこと

「ひとつに決める勇気」が、仮説を作る

仮説を立てる。

これもまた、ビジネス関連の書籍やセミナーでよく見聞きする言葉です。大切であることも、必要であることも、誰もがわかっているでしょう。にもかかわらず、なかなかこれがうまくできない。

私は**「回せない」の最も根深い原因は、この仮説を立てることができないことにある**と思っています。ここにもまた大きくて目に見えない「壁」が存在します。

なぜ目に見えないか。この「壁」が、人間の心の中にあるからです。

どういうことなのか説明します。
例えば恋愛でＰＤＣＡサイクルを回すとどうなるか。
仮にある男性がある女性に想いを寄せているとします。

気になる女性ともっと仲良くなりたい
↓
「趣味」をキーワードに会話をしてみよう（Plan）
↓
実際にやってみた（Do）
↓
相手の反応が悪かった（Check）
↓
仲良くなるまでは「趣味」で会話をするのは避けることにした（Action）
↓
では「仕事」をキーワードに会話をしてみよう（Plan）

←実際にやってみた（Do）

このプロセスの中で、仮説を立てるとはどこに該当するか。それは（Action）と2度目の（Plan）です。

相手の反応が悪かったので、おそらく相手は「趣味」というテーマの会話はあまり心地よくないのだろうという仮の事実。そしてもしかしたら相手は「仕事」というテーマの会話ならポジティブに反応してくれるのではという仮の事実。仮の事実を作ることが仮説を立てるということです。

しかし、もしこの場面で男性が「いや、会話の内容云々ではなく、何かほかに理由があって私との会話をつまらなそうにしているのではないだろうか？」と考え始めてしまったらどうなるでしょう。

「ほかの理由ってなんだろう？　場所がいけないのか？　ここに来るまでの間に何か失礼なことを言ったか？　ひょっとして俺の口臭が気になるのか？　それとも……」

キリがありませんよね。こんなことを考えていると、この女性と会話をするのが億劫になってしまうかもしれません。

彼に必要なことは、色々と考えられる原因をこの場で特定することではありません。**正解かどうかはわからないけれど、〝エイヤ！〟と「会話の内容が理由だ」と決めて、次のアクションをすることです。**

それをしない限り相手の女性を口説き落とすことはもちろん、距離を縮めることすら難しいでしょう。その間にほかの男性が彼女をさらってしまう。これが世の中に多く存在する「敗者」の構図です。

仮説を立てるとは、〝エイヤ！〟と何かひとつに決めること。

つまり、ほんの少しの「勇気」がいる仕事なのです。

先ほどの新規・既存の売上高の例も同じこと。事実を数字で揃え、読み解き、仮説を立てたなら、いったんそれを〝エイヤ！〟の直感で決める。

ここで、

「いや、もしかしたら外部環境が変わったかもしれないし」

「商品ラインナップが変わったし」

「競合会社が新サービスを出したし」

……などと始まってしまうと、何もできなくなります。

何もできなくなるということは、何も改善できなくなることと同義。それはすなわち、衰退を意味するわけです。

結論です。仮説を立てられない人に足りないことは、「ひとつに決める勇気」です。

私はあなたに、いくつか原因として考えられるものの中から、ほんの少しの勇気を持ってひとつに絞り、残りはすべて捨ててはどうかと提案します。

「ビジネスではハラをくくった人が成果を出す」なんて青臭い感情論を耳にします。でも、これは真理なのかもしれません。「病は気から」と言います。克服するためのキーは、あなたの心にあるのです。

「複合的要因」という言葉を捨てる

原因として可能性があるものの中から、実際に改善に向けてアクションするものをひとつに絞り、残りは捨てる。これがとても重要です。

先ほどの例であれば、5月よりも6月の売り上げが下がった要因は、新規来店者に対する対応が悪かったことだとひとつに決めることです。

結果　売上高585,000円→413,250円

↑

原因　新規の成約率0.5→0.3

原因と結果をそれぞれ1種類の数字だけで表現し、その2者を仮の因果関係（原因と結果の関係）として結びつける。こうすることで次にするアクションが1種類になり、実際に行動に移せます。

ところが、私がこう推奨すると、次のような反論をいただくことがあります。

「しかし、そんなに単純な話なのでしょうか。その結果の原因がいろんなものが複合的に絡み合った結果ということも考えられませんか。ひとつに絞ってほかは捨てる。そんな簡単な話ではないと思うのですが」

よくわかります。鋭い論考であり、そうかもしれません。

しかし、それでも私は「ひとつに絞ってあとは捨てなさい」と申し上げます。別に意地になっているわけではなく、論理的な理由があります。

仮にあなたの仕事において、ＰＤＣＡサイクルを回したいものがあるとします。いまあるその結果は、いろんなものが複合的に絡み合った結果なのかもしれません。

では、その複合的な要因は何と何がどう絡み合って、どのような構造になっているのか。それをはっきりさせる必要があるのでしょうか。

その分析に3カ月かけるのであれば、3日で仮説を立てて次のアクションにつなげてまた新たな結果を得たほうが、正解に近づくスピードは速いでしょう。

これだけスピードが要求されるビジネスの世界において、じっくり時間をかけて何かを分析検証する時間はないはずです。

研究機関や犯罪捜査など特殊なケースを除けば、「そんなことはいいから、さっさと仮説を立てて次のアクションを1日でも早く行う」が正解なのです。

ではそのために何が必要か。

私の答えは、「複合的」という考え方を捨てることです。

「ひとつに絞ってほかは捨てる」ができる人は、この「複合的という考え方」を捨てている人です。

ひとつに絞れば、次のアクションもひとつになります。

人間はまとめていくつものことをできるような生き物ではありません。ひとつのことしかできないのです。

〈BAD〉

原因がたくさんあり、複雑に絡み合っている

↓

次のアクションもたくさんしなければならず、複雑になる

↓

それが正しい解決策だとしても、実際にはできない

↓

何も変化しない

〈GOOD〉

原因をひとつに絞る

↓

次のアクションもひとつ

↓

それが正しい解決策かどうかわからないけれど、確実にできる

確実に何かしらの変化を起こすことができる

←

日本の実業家・稲盛和夫氏の言葉にこのようなものがあります。


バカな奴は単純なことを複雑に考える。

普通の奴は複雑なことを複雑に考える。

賢い奴は複雑なことを単純に考える。


表現は少々キツイですが、きっとあなたも頷く真実でしょう。

複雑なものをはっきりさせることと、複雑なものを単純化することは違います。

「それをはっきりさせる必要があるのか」は極めて重要な問いです。常に自分自身に問いかけることを習慣にしてみてください。

「しかし、そんなに単純な話なのでしょうか？」という問いに私は研修の現場ではこう答えています。

「複雑な話かもしれませんね。でも、その複雑なことをシンプルに考えるのが私たちの仕事ではないでしょうか」と。

ファクトベースで仕事ができるようになる13の質問

第2章の最後にまとめとして、あなたがファクトベースで考え、さらにＰＤＣＡサイクルを回す仕事をするときに役立つチェックリストをご用意しました。
これらの問いに答えていくことがすなわちそのままファクトベースで考え、数字を使ってＰＤＣＡサイクルを回すということです。

【ファクトベースで仕事ができるようになる13の質問】

1　あなたが改善したいことはなんでしょうか？

2　それは数字で把握できるものでしょうか？
（NOであるなら、まずは事実を数字で把握する環境を用意する）
3　YESであれば、改善されたことを示す数字Aはなんでしょうか？
4　その数字Aがどれくらいになれば「改善された」と定義できるでしょうか？
5　その数字Aはどんな読み方が妥当でしょうか？
（%の読み方？　掛け算の分解？　足し算の分類？　傾向と異物？）
6　その数字Aを増やす（あるいは減らす）ためには、どの数字Bを増やす（あるいは減らす）のが現実的に可能でしょうか？
（仮説を立てる。ただし数字Bはひとつに絞ること）
7　その数字Bがどれくらい増える（減る）ことを目指しますか？
8　それが達成できたとき、数字Aの変化はあなたが定義する「改善された」を実現しますか？
9　数字Bを増やす（減らす）ために具体的に何をしますか？（必ず現実的にできることを）
10　それは誰が、いつ、どのように実行するのでしょうか？
11　実行した結果も数字Cとして手元に残る環境にあるでしょうか？

12　数字Cを評価し、次のPDCAサイクルを回す責任者が誰か決めていますか？
13　この仕事を進めるにあたり、直面する「めんどくさい」に負けない強い意志はありますか？

ここまでお読みのあなたはおそらくこの13の質問を「めんどくさい」とは思わないはずです。ぜひご自身のリアルな課題をテーマに設定し、やってみてください。

例えば会社の営業部門であればこの13の質問をどう活用するのか、最後にご紹介しておきます。参考にしてください。

1　あなたが改善したいことはなんでしょうか？
↓当社の営業部門の生産性を上げたい。
2　それは数字で把握できるものでしょうか？
↓YES。各営業マンの実績と勤務時間を長期的に数字で把握していく。

3　YESであれば、改善されたことを示す数字Aはなんでしょうか？

↓（生産性）＝（営業マンの実績）÷（勤務時間）と定義し、この数字の増加を生産性向上とする。

4　その数字Aがどれくらいになれば「改善された」と定義できるでしょうか？

↓（生産性）が現状の10％増になればOKとする。

5　その数字Aはどんな読み方が妥当でしょうか？

↓営業部の全体的な傾向と、特に生産性が良い（悪い）人物の把握。

6　その数字Aを増やす（あるいは減らす）ためには、どの数字Bを増やす（あるいは減らす）のが現実的に可能でしょうか？

↓（勤務時間）を減らす。

7　その数字Bがどれくらい増える（減る）ことを目指しますか？

↓（勤務時間）を15％削減することを目指す。

8　それが達成できたとき、数字Aの変化はあなたが定義する「改善された」を実現しますか？

↓YES。（生産性）を現状の10％増にすることは可能と考える。

9　数字Bを増やす（減らす）ために具体的に何をしますか？

↓客先での商談時間を25％短縮する（1時間だったものは45分で終える）。

10　それは誰が、いつ、どのように実行するのでしょうか？

↓営業部全員。来月から勤務内容の内訳と所要時間を記録して部内で共有する。

11　実行した結果も数字Cとして手元に残る環境にあるでしょうか？

↓YES。（改善後の生産性）＝（改善後の営業マンの実績）÷（改善後の勤務時間）。

12　数字Cを評価し、次のPDCAサイクルを回す責任者が誰か決めていますか？

↓営業部長が必ず定期的にチェックし、月例の部内会議で数字を共有。

13　この仕事を進めるにあたり、直面する「めんどくさい」に負けない強い意志はありますか？

↓YES。営業部における今年度の最重要テーマとし、社長にも改善をコミットする。

多くのビジネスパーソンが、結果は数字で語れるのに、原因を数字で語れません。原因を語れないから改善ができません。改善ができないから成果が出ません。その理由がある病にあること。そしてその克服方法と真の原因にたどり着き、改善を図るまでの仕事術を余すところなくお伝えしたつもりです。

実は、ファクトベースのお話はここまでが半分。

このあとに続く第3章で、ファクトベースの仕事術に深みを持たせるための数学的な思考法と数値化する技術をご紹介していきます。

今日からすぐに使えるパワフルなツールであり、徹底的に数字で考えるビジネスパーソンになる方法です。ぜひこのままページをめくってみてください。

第3章

数学的に考える頭の作り方

フランス料理は数学と同じだ。

HAJIME（ハジメ）オーナーシェフ
米田 肇

「数学的」に考える頭を作る

数学的であれ

男性と女性という分類があるように、なぜか日本には文系と理系という分類が存在します。そしてそれが多くのビジネスパーソンに「数字が苦手」と思い込ませてしまう要因になっています。

なぜなら、「文系＝数学を学ばなくて済む」という悪しき常識を生んだから。

２０１８年、「早稲田大学・政治経済学部ではこれから入試に数学が必須になる」というニュースが話題になりました。このようなことが〝いちいち〟ニュースになってしまう。

そんな国で教育を受けた私たちに数学アレルギーが存在するのは、ある意味では当然かもしれません。

でも、私が「自称・文系」の皆さんに言い続けていることがあります。それは、

「数学の勉強ができる必要はありません。
でも、数学的ではあったほうがいいですよ」

ということです。

極端な例を挙げると、たとえ超一流大学の数学科を卒業してもビジネスパーソンとしてうまく生きられない人もいます。逆に学歴が中卒にもかかわらず、数字をきちんと読み解きながら会社経営をし、世の中に貢献している人物もいます。

ビジネスパーソンに数学の難題を解く能力は必要なく、仕事の仕方が数学的であればいいのです。

この第3章は、あなたの仕事のレベルを、ワンステップ上へ引き上げる章です。

どんな職種であろうと、新人だろうと経営者だろうと、誰もが活用する機会がある数学的手法を厳選してご紹介していきます。

仮にあなたが数学に対して強い苦手意識を持っていても、必ず仕事で活用できます。

どうかここから先は文系・理系という分類を忘れてください。

「どれくらい？」を数字に変換する

まずは「数学的」の定義から始めます。

「数学的」とは、数学で使われる手法を使うことです。

例えば、数学的に考えるとは、数学で使われる手法を使って考えること。

数学的に説明するとは、数学で使われる手法を使って説明することとなります。

もう少し具体化しましょう。私たちビジネスパーソンが職場の生産性を高めるためにどうすればいいかを考えるとします。

従業員ひとりあたり営業利益。広告費あたり売上高。1時間あたり生産量。これらはすべて得られるリターンに対して、かけたリソースで割り算した結果です。

数学の問題を解くわけではなく、割り算を活用してビジネスの問題解決を図ろうとアプローチする。簡単に言えばこれが「数学的」ということです。

では何のために「数学的」に仕事をするのか。

私の中でもさまざまな答えがあるのですが、本書ではこう結論づけます。

それは、**「どれくらい？」に数字で答えるため**です。

「どれくらい効率化すればいいの？」

「どれくらいリスクがある？」

「どれくらい予算が必要？」

ビジネスにおいて、「どれくらい？」という会話は意外と多いものです。

もしあなたがそんな問いに対してもファクトベースで考え、具体的な数値で答えることができたら……。

おそらく仕事がとても進めやすくなるはず。

そのために厳選した手法は次の通りです。

・「どれくらい上昇していくか」を数値化する　～相乗平均～
・「どれくらい価値があるか」を数値化する　～現在価値・将来価値の算出～
・「どれくらい増やせるか」を数値化する　～ABテスト～
・「どれくらい影響するか」を数値化する　～感度分析～
・「どれくらいリスクがあるか」を数値化する　～標準偏差～
・「どれくらい関連がありそうか」を数値化する　～相関係数～
・「どれくらい必要か」を数値化する　～単回帰分析～
・「どれくらい安全（危険）か」を数値化する　～損益分岐点分析～

もしも、本書のようなビジネス書を何冊か読んだことがあるなら、これまでどこかで聞いたことがあるものも含まれているかもしれません。

でもどうか流し読みせず、じっくり読み込んでみてください。

なぜその手法が数学的なのか、なぜその手法がパワフルなのか、深く理解することで初めて自分の血肉になります。

データの「調理道具」を手に入れる

これらの数学的な思考は料理を作ることと同じです。例えば好きなグルメをひとつ思い浮かべてください。

焼き魚。ローストビーフ。豚の角煮。なんでも結構です。

次に、そのグルメを自分が作ることを想像してみてください。作ったことがあるか、上手に作れるかどうかは問題ではありません。作ることを想像してみます。必要な素材を揃え、包丁でカットし、下ごしらえをする。調味料を用意し、手順を考え、必要な道具を使う。焼き魚ならグリル。ローストビーフならオーブン。豚の角煮なら圧力鍋。いよいよ火にかけ、調理をする。

こうして考えると、食材を調理するという行為は極めて論理的に行うものであると言えます。つまり、数学的に考えることと、料理を作ることは同じようなことなのです。

データ　＝　素材
↓
数学的な仕事術　＝　便利な道具（調理方法）
↓
「どれくらい？」を数値化したもの　＝　完成した料理

この第3章は料理のレシピをお伝えする章とも言えます。

さまざまなデータや数字の調理方法を学び、ぜひ料理上手になりましょう。それでは始めていきます。

「パーセンテージ」を徹底的に使いこなす

「どれくらい上昇していくか」を数値化する
～相乗平均～

次ページのデータは刑法犯少年の男女別検挙人員の平成20年から平成29年までの推移です。第2章でも軽く紹介しましたが、こうしてファクトベースで確認すると「少年犯罪が増えている」はやはり正しいとは言えないようです。

さて、ご覧いただくように男子も女子も下降線をたどっていますが、あなたは平成30年の数値をどれくらいと予測しますか。

統計特－10　刑法犯少年の男女別検挙人員（平成20～29年）

	20	21	22	23	24	25	26	27	28	29
男子（人）	70,971	71,766	68,665	62,775	53,832	47,084	41,358	33,860	27,609	23,253
女子（人）	19,995	18,516	17,181	14,921	11,616	9,385	7,003	5,061	3,907	3,544

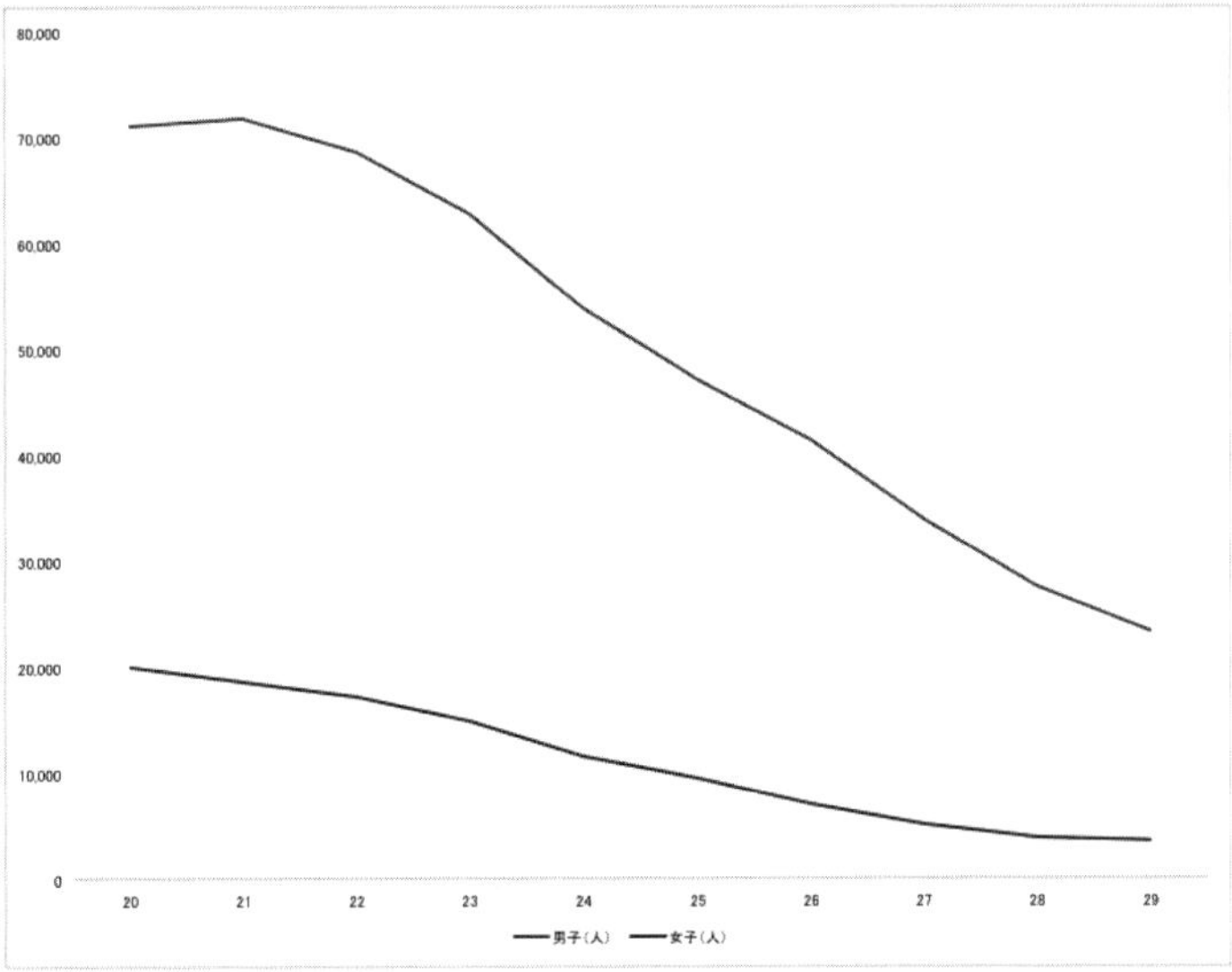

資料：平成30年警察白書　統計資料

ビジネスパーソンたるもの、単なる思いつきの数値ではなく数学的根拠で予測値を導きたいものです。

このようなときのデータの調理方法として、**相乗平均**という考え方があります。まずは相乗平均とは何か、正しく理解します。次のモデルをご覧ください。

1→（2倍）→2→（4・5倍）→9

増え方に注目します。

1は2倍と4.5倍という2回の「増加」を経て、9という数字に増えました。ではこのモデルの平均増加は何倍でしょうか。2度の増加で9倍になっているわけですから、その平均は3倍と考えることができます。2倍と4.5倍の単純平均で（2＋4.5）÷2＝3.25倍、と考えてはいけません。

1→（3倍）→3→（3倍）→9　∴　平均増加は3倍

相乗平均とはこの3倍という平均増加のことを指します。繰り返しですが、単純平均とは区別してください。行った数学的行為は次の通りです。

ステップ1　2×4.5＝9
ステップ2　2乗して9になるような数を求める。3の2乗＝9だから「3」が結論。

さらにこれをエクセルの関数を使って処理するときは、PRODUCTとPOWERという関数を活用します。

ステップ1　＝PRODUCT（2,4.5）→9
ステップ2　＝POWER（9,1/2）→3

PRODUCTとは指定した数値、あるいは指定した範囲の全データを単純にすべて掛け算する関数です。

POWERという関数は数値のべき乗を求める関数であり、例えば10の2乗を計算したければ、POWER（10,2）とすることで100という正解を一瞬で導いてくれます。

相乗平均の考え方と計算方法は以上です。さっそくこの考え方を先ほどの統計データに適用します。


まずは、10年間のデータから男女それぞれ9つの前年比を算出します。

次に、その9つのデータをすべて掛け算します（ステップ1）。

そして、9乗することでステップ1の計算結果になるような数値を求めます（ステップ2）。計算した数値の解釈は次の通りです。

男子
ステップ1　＝PRODUCT（C10:K10）→0.327640867
ステップ2　＝POWER（0.327640867,1/9）→0.883395822≒0.88
男子はこの10年間、平均するとおよそ前年比88％で推移してきた。

根拠ある予測値の作り方
（例）刑法犯少年の検挙人員の推移

	A	B	C	D	E	F	G	H	I	J	K
1											
2											
3	統計特－10　刑法犯少年の男女別検挙人員（平成20～29年）										
4											
5		20	21	22	23	24	25	26	27	28	29
6	男子（人）	70,971	71,766	68,665	62,775	53,832	47,084	41,358	33,860	27,609	23,253
7	女子（人）	19,995	18,516	17,181	14,921	11,616	9,385	7,003	5,061	3,907	3,544
8											

それぞれ前年比を計算

前年度比＝今年度の人数 ÷ 前年度の人数

例）平成 21 年度男子の検挙人数の前年比

71,766÷70,971=1.0112

	A	B	C	D	E	F	G	H	I	J	K
1											
2											
3	統計特－10　刑法犯少年の男女別検挙人員（平成20～29年）										
4											
5		20	21	22	23	24	25	26	27	28	29
6	男子（人）	70,971	71,766	68,665	62,775	53,832	47,084	41,358	33,860	27,609	23,253
7	女子（人）	19,995	18,516	17,181	14,921	11,616	9,385	7,003	5,061	3,907	3,544
8											
9		20	21	22	23	24	25	26	27	28	29
10	男子　前年比		1.01120	0.95679	0.91422	0.85754	0.87465	0.87839	0.81870	0.81539	0.84223
11	女子　前年比		0.92603	0.92790	0.86846	0.77850	0.80794	0.74619	0.72269	0.77198	0.90709
12											

ステップ１　９つのデータをすべて掛け算する

男子の場合

ステップ１ =PRODUCT（C10:K10）→ 0.327640867

ステップ２　９乗することでステップ１の計算結果になる数値を求める

男子の場合

ステップ２ =POWER（0.327640867,1/9）→ 0.883395822≒0.88

男子は 10 年間、平均前年比約 88% で推移してきた

女子

ステップ1　=PRODUCT（C11:K11）→0.177244311

ステップ2　=POWER（0.177244311,1/9）→0.825102749≒0.83

女子はこの10年間、平均するとおよそ前年比83％で推移してきた。

この結果を使えば、平成30年の予測値はこのように計算することができます。

平成29年の数値×平均前月比=平成30年の予測値

男子　23,253×0.88≒20,463（人）

女子　3,544×0.83≒2,942（人）

当然ですが、実際に何人になるかは誰もわかりません。

しかし、過去の実績と傾向から「どれくらい下降していくか」を数値化することで、根拠のある予測値を作ることができます。

このような「率」を操る手法はぜひ身につけておきましょう。

最後に、どのようなときにこの調理方法が有効かを整理しておきます。

手元にある素材（ファクト）：時系列データ
作りたい料理：未来の予測値
調理に必要な条件：時系列データに上昇・下降などの傾向が顕著にあるとき
調理方法：相乗平均

「どれくらい価値があるか」を数値化する
〜現在価値・将来価値の算出〜

「スーツを着ている男性は2割増し」と知人の女性が言っていたのを思い出します。どんな男性でもスーツを着るとカッコよく見える。だからスーツ姿の男性を見たときは、スーツを着ている分は割り引いて評価をしないといけない。女性なら誰もが頷く「ファクト」だそうです。

正しい評価をするために割り引いて考えないといけない場面は、ほかにもたくさんあります。

例えばお金。現在の100万円と1年後の100万円は同じ価値でしょうか。経済やファイナンスの分野はもちろん、私の専門であるビジネス数学でも定番のトピックスであり、現在価値（将来価値）という名称で紹介されています。

仮に年利5%とすれば、現在の100万円は1年後に105万円になります。

（現在の価値）×1.05＝（将来の価値）というシンプルな計算式によるものです。

では逆に1年後の100万円は現在の価値に換算するといくらでしょうか。

（将来の価値）÷1.05＝（現在の価値）ですから、100÷1.05≒95.24万円となります。

つまりこの計算は、将来の価値から5％分を割り引き、現在の価値に換算して評価していることになります。先ほどの男性のスーツの話なら、スーツ着用分は割り引いて考えることと同義です。

ではビジネスの話に移りましょう。

仮に、あなたがいる会社が前年に対し、1.5倍の実績をあげたとしましょう（式A）。

でももし、その会社の主戦場とする市場も成長しており、市場規模が2倍に成長しているとしたら、どう評価するのが妥当でしょうか。市場が2倍に増えているのですから、ある意味では会社の売り上げが2倍になって当たり前とも言えます（式B）。

式A　（昨年の売上高）＝（今年の売上高）÷1.5
式B　（今年の売上高）＝（昨年の売上高）×（自社の頑張り）×（市場の成長）
＝（昨年の売上高）×（自社の頑張り）×2

この2つの式により、

（今年の売上高）＝（今年の売上高）÷1.5×（自社の頑張り）×2
（自社の頑張り）＝1.5÷2
＝0.75

つまり市場の2倍成長という要因を割り引くと、この会社は実質25％ダウンしたと評価することも可能になります。単に市場の追い風で数字が伸びたにすぎないという評価です。

読みながら、「おや？　この本のどこかに似たような話があったな」と思った方は本書をしっかり読み込んでくださっている証拠です。

第2章でご紹介した簡単なエクササイズがまさにこのエッセンス。似たような（あるいは同じ）話が登場するということは、それがデータを調理する手法としてとても重要であることを示していると思ってください。

では最後にこの考え方を応用したこんなテーマを考えてみましょう。

Q　あなたの会社で新卒社員を1名採用する。その価値はどれくらい？　そしてその採用は果たして会社にとって経済的か？

「どれくらい？」という問いなので、数値化して答えたいところ。ここでは金額に換算して答えてみます。例えば次の前提をいったん事実とします。

- **仮定1：3年間で退職する**（もちろんもっと長く勤務してもらいたいが）
- **仮定2：初年度でこの新卒社員が生み出す利益は年間100万円とする**
- **仮定3：入社後1年ごとに生み出す価値は20％ずつ増加する**

先ほどのお金の事例を思い出すといいでしょう。前提条件から将来の価値を計算すると次のようになります。

入社1年目に生み出す価値　100万円
入社2年目に生み出す価値　100×1.2＝120万円
入社3年目に生み出す価値　100×1.2×1.2＝144万円

退職までに生み出す価値　100＋120＋144＝364万円

新卒社員を1名採用することは、今後3年間で364万円の利益をもたらすと仮定できます。ただ実際はここから少し話を広げて、この新卒1名に3年間働いてもらうことで発生するコストも計算したいところです。

3年間の給与、そのほか諸費用。そして採用活動に要した費用なども考慮し、総コストを把握。そのうえでそもそも新卒1名を採用することに経済的な合理性があるのかを判断します。

見合わないという判断であれば、適正と言える年数までは勤務してもらえるような体制や教育を充実させる。あるいは新卒採用は断念して経験者を中途採用するほうが経済的である、といった判断にも活用できます。

企業の人事担当者が経営者に人事戦略を説明するときはもちろん、内定者や新入社員などに「すぐ辞めるとはどういうことか」を説明するロジックとしても使えるでしょう。

前項と同様、ここでも扱う数学的知識は「率」だけです。あなたも「率」を使いこなし、数字に強いビジネスパーソンになっていきましょう。

手元にある素材（ファクト）：過去（将来）の数字
作りたい料理：価値を数値化したもの
調理に必要な条件：割引率という数字が手元にあること
調理方法：現在価値（将来価値）の算出

「視点」から答えを出す

「どれくらい増やせるか」を数値化する
～ＡＢテスト～

視点という言葉があります。私は「物の見方」という意味だと思っています。おそらくあなたの認識もそれに近いものでしょう。

では、数学的な視点とは何か。

もちろん「数学的な物の見方」ということになります。

ここからはその数学的な視点を2つに厳選してご紹介します。数学の勉強をするのではなく、数学的な視点を手に入れる。そんなイメージを持って読み進めてください。

まずはひとつめ。

「ABテスト」をご存じでしょうか。マーケティングなどでよく使われる考え方です。簡単に言えば、同じ内容で見せ方の違うA案のWEBページとB案のWEBページのどちらのほうが、よりお客様が反応してくれるかを比較するテストマーケティングのこと。

例えばあなたがネットショップでスキンケア製品を買うとします。販売ページの最下部には「お申し込みはこちら！」と書かれたボタンがあります。そのボタンは何色ですか？　文字は大きいですか？　小さいですか？　ひょっとしたら、10分後にアクセスしたらそのボタンの表記は「あなたも理想の肌を手に入れよう！」に変わっているかも……。

ネットショップの運営側はいきなり1種類のボタンで勝負せず、複数のボタンを用意しているかもしれません。そしてあなたのようなお客様の反応を数値化し、そこから最適化していくことを考えているかもしれません。

「いきなり正解なんてわからないし、素直にお客様に答えを教えてもらおう」とばかりに。

この話をここから具体化していきます。

この販売ページは1カ月で15,000回表示されるとし、取り扱う商品の実質的な「賞味期限」も1カ月とします。この1カ月でいかに購入ボタンをたくさんクリックしてもらうかを考えるわけですが、そこで表現方法にAパターンとBパターンを用意します。

A「お申し込みはこちら!」

まずは100回表示　　結果はクリック数が8回

B「あなたも理想の肌を手に入れよう!」

まずは100回表示　　結果はクリック数が15回

AとBではどちらが適した広告表現か、お客様に教えてもらいました。

結論はB。

	表示回数	クリック数	クリック率
A	100	8	8.00%
B	100	15	15.00%

⬇ ⬇

A	0	0	-
B	14800	2220	15.00%
	15000	2243	14.95%

だから今後はBだけ表示させることでクリック数を最大化できます。

残り表示回数が14,800回ですから、クリック率15%をそのまま適用すれば2,220クリックの獲得。計2,243回が最終的な獲得数です。

ところでもし最初に行ったABテストでの表示回数を200回ずつにした場合はどうなるでしょう。

先ほどの2,243回よりも増えるか減るか。さらに300回ずつにした場合はどうか。

答えは「減る」です。計算した結果だけ示します。

ＡＢテスト表示回数２００回ずつの場合
総獲得クリック数2,236　クリック率 14.91%

ＡＢテスト表示回数３００回ずつの場合
総獲得クリック数2,229　クリック率 14.86%

つまり、ＡＢテストで費やした表示回数が多ければ多いほど、最終的に獲得するクリック数は減るということになります。少ないリソースで実施し、すぐに判断を必要とすることがおわかりいただけると思います。


ただし、どれくらいのリソース（時間、あるいはコストなど）をＡＢテストに費やすべきかという疑問が残ります。厳密な正解やルールはありません。

ただ、あくまで私の考え方ですが、使えるリソースの1%～2%くらいを使ってＡＢテストを行い、それですぐに判断するのがいいかと思います。

実際、この例でも15,000回表示のうちＡＢテストで使ったのは２００回。これはおよそ1.3％に当たります。

別の例もひとつだけ。例えば本書のようなビジネス書。置かれる書店は減っているのに刊行点数は増えています。仮に「賞味期限」を1年だとしましょう。それでも現実は書店に並んでわずか1週間（7日間）で良い・悪いを判断されます。

残念ながら動きが悪い本は容赦なく返品となるのですが、この7日という日数は365日のおよそ2％です。最初の2％でABテストをして判断しているとも言えます。

つまり、現代のビジネスシーンはそれくらいのスピード感で動いているということ。ABテストに費やすのは1％〜2％程度という私の提案にはそういう理屈があります。

なお、1点だけ注意いただきたいのが、「もう少し長くテストして様子を見たほうが……」といった意見や反論が必ずあること。

心情的には理解できますが、数字が示しているように、テストが長引くほど最終的に得られる果実は小さいものになるということをしっかり（数字で）ご説明ください。

ところでこの話には、もうひとつ重要な側面があります。それは、「将来的にどれくらいまで増えるか」を数字の根拠を添えて説明できることです。

ネット通販の場合、まだ誰もわからない「最終的にどれくらいのクリック獲得数になるか」を説明できます。

書籍の場合、まだ誰もわからない「最終的にどれくらい売れるのか」を説明できます。ビジネスパーソンにとっては、ＡＢテストの論理そのものよりも、未来のこと(未知のこと)を数字で説明できることのほうが重要でしょう。

この視点をあなた自身の仕事に活用するには、次の順番で考えてみるといいでしょう。

「最終的にどれくらいになるのか」を数字で説明したいテーマは？

←

それはどんなＡＢテストを実施するのが有効か

←その仕事に関わる人間が1%〜2%で判断することに納得しているか

すべてクリアであれば、ぜひABテストにトライしてみてください。これが私の申し上げる、数学的な視点で仕事をするということです。

最後にまとめておきます。

手元にある素材（ファクト）：かけられる総リソースの量（数字）
作りたい料理：最終的にどれくらいの数値を獲得できそうか
調理に必要な条件：リソースの1%〜2%をテストに費やせること
調理方法：ABテスト

「どれくらい影響するか」を数値化する

〜感度分析〜

シンプルな問いです。

あなたが勤めている会社は、次のどちらのほうが経営に影響がありそうでしょうか。

・人件費をガッツリ減らす
・広告宣伝費をガッツリ減らす

あなたの答えはどうでしょう。

もしこのようなことが数字で説明できたら、つまり「どれくらい影響するか」を数値化できたら、あなたは経営層とも対等に会話ができるようになります。

なぜなら、経営層はそのようなことばかり考えているからです。

そこで、唐突ではありますがおよそ4ページ程度のショートストーリーをご用意しました。

もしかしたらあなたの会社でもこんな物語が生まれるかもしれません。おそらく感動はしませんが、ぜひ読み進めてみてください。

科目	実績
売上高	100,000
売上原価	36,000
手数料	7,000
その他	1,000
変動費合計	44,000
役員報酬	14,000
給与・諸手当	24,000
広告宣伝・販売促進費	5,500
旅費交通費	1,500
通信費・水道光熱費	2,000
減価償却費	2,000
賃借料・リース料	1,000
外注費・業務委託費	500
その他	3,000
固定費合計	53,500
利益	2,500

（単位：千円）

株式会社フカサワプランニングは設立5年目。昨年の利益は250万円。この数年、業績は下降線をたどっており、そろそろ大胆な施策を実行しないと赤字に転落するだろうというのが社内の共通認識。

そしてその社内からは「人件費をカットしないともうダメ」派と、「効率よく広告費を使っていないのでそこを早急に見直すべき」派とで真っ二つに分かれている。

ところがこの2つの主張は、いずれも具体的な数字が使われていない。

そこで社長のフカサワは、社員にこう提案します。

「原価を中心とする変動費を削減することは現実的には不可能。だから必然的に固定費を削減するしかない。ではそれぞれカットすべきだと主張するコストを、いまの2割削減したら利益にどれくらいの影響が出るのか、ざっくりでいいから試算してくれ。その数字を参考に判断する」

すぐに管理職を中心に議論が始まった。社長からの「ざっくりでいいから」というリクエストが、経営に関与していない彼らにはありがたかった。

そして彼らは答えを出します。

役員報酬も含めて人件費を20％カットする場合、退職勧告や社員のモチベーション低下、残業時間の短縮などの要因を考慮して、売り上げには10％ダウンの影響が出ると試算。加えて社内ではこなせない業務は結局外注することになり、業務委託費が3倍になってしまうだろうと試算。ここは人事部長の意見を大きく考慮した。

続いて広告宣伝・販売促進費を20％カットする場合、現状うまく販促が機能していないのはある特定の商品であること。それらは低い利益率であること。さらに主商品の販促コストは低く抑えられていることが判明。総売上高にはほぼ影響はなく、現状維持が可能と試算。ここはマーケティング部長の意見を大きく考慮した。

広告費20％カット　→　利益110万円増加
人件費20％カット　→　利益20万円増加

この結果を踏まえ、社長のフカサワは来年度の計画において、マーケティング部の予算削減を命じ、効率化と精度の向上を厳命。さらに全社員に対してマーケティング

人件費を 20%カットした場合

科目	実績
売上高	90,000
売上原価	32,400
手数料	7,000
その他	1,000
変動費合計	40,400
役員報酬	11,200
給与・諸手当	19,200
広告宣伝・販売促進費	5,500
旅費交通費	1,500
通信費・水道光熱費	2,000
減価償却費	2,000
賃借料・リース料	1,000
外注費・業務委託費	1,500
その他	3,000
固定費合計	46,900
利益	2,700

（単位：千円）

広告費を 20%カットした場合

科目	実績
売上高	100,000
売上原価	36,000
手数料	7,000
その他	1,000
変動費合計	44,000
役員報酬	14,000
給与・諸手当	24,000
広告宣伝・販売促進費	4,400
旅費交通費	1,500
通信費・水道光熱費	2,000
減価償却費	2,000
賃借料・リース料	1,000
外注費・業務委託費	500
その他	3,000
固定費合計	52,400
利益	3,600

（単位：千円）

・売上が落ちるので、それに連動して売上原価も変化する（原価率 36%）
・役員報酬と給与が 2 割減
・人件費カットによりマンパワーが減る。結果、逆に外注や業務委託が 3 倍に増えてしまう想定
・青斜線は、数字が変化した項目

部とのコミュニケーションを密に取るよう指示。

「当社にとって人は資産です。人への投資を止めることは成長を止めることにほかなりません。そちらのほうが、この会社にとっては痛みが大きい。全社員がマーケティング視点を持つこと。そしてマーケティングはお金を使ってするものではなく、知恵を使ってするものです」とメッセージを発した。おしまい。

※この物語はフィクションです

いかがでしたでしょうか。どこにでもありそうな話で、難しいことは一切ありません。

要するに単に額が大きいからといって短絡的に人件費をカットしてしまうのではなく、それをすることによる影響も考えようということ。そして人件費をカットするほうが、影響は大きいことを数値化して説明したということです。

人件費と利益、そして広告費と利益、それぞれどう関連しているのか。それは数字で捉えるとどうなっているのか。関連を数で捉える。これはまさしく数学的な視点であり、皆さんが学生時代に学んだ「関数」にほかなりません。

なお、**このような考え方は「感度分析」と呼ばれる分析手法をベースにしています。**

例えば手の人差し指をどこかにぶつけてもそれほど痛くはありませんが、足の小指をどこかにぶつけると涙が出るほど痛い。これはすなわち、足の小指のほうが身体へのダメージが大きい、感度が高いとも表現できないでしょうか。

広告費と人件費を手の人差し指と足の小指に置き換えれば、なぜ「感度分析」という表現なのか感覚的にもイメージできるでしょう。

なお、1点だけ注意しておくことがあります。

それは、**関連ある（と思われる）数字で分析をしないと意味がない**ということです。

先ほどのフカサワプランニングの分析も、「従業員の毎月のこづかいの平均額」なんて数字は感度分析には不向きだということです。

「従業員のおこづかいが上がれば、会社の業績も上がる」という論理はさすがに飛躍しすぎです。

大事なのは、直接的に関連し合い、影響があるものを使って分析することです。

手元にある素材（ファクト）：変化させたい数値Aとそれに関連する数値B
作りたい料理：Bの変化がどれくらいAの変化に影響するか
調理に必要な条件：Aの変化がBの変化に影響すると思われること
調理方法：感度分析

「統計手法」を使いこなす

「どれくらいリスクがあるか」を数値化する
〜標準偏差〜

ビジネスでも使える統計的な手法。あなたはどれくらいご存じでしょうか。

数年前にちょっとした「統計ブーム」が起こりました。

ビッグデータの時代。ビジネスパーソンはデータリテラシーが極めて重要。統計的な分析をすることで間違う可能性を下げることができる、などと喧伝されました。

確かにその通りだと思います。多くの意識が高いビジネスパーソンが統計学を学ぼうと書籍やセミナーを求めました。

しかし、どれくらいの人が実際にそれをいまも使っているのでしょう。学んでも使わなければ意味がありません。

そんな私の結論は、一般的な仕事をしているビジネスパーソンが使うべき統計手法はごくわずかだということです。

作らない料理のレシピを知っていても意味がありません。そこで、「まずはこれだけでいい」と私が断言できるものを2つピックアップしてご紹介します。

まずは**「標準偏差」**という数字について説明します。

これまでの著書やビジネス系の講座でも頻繁に紹介してきたテーマです。

何度も書いているテーマですが、それでも私は本書から外すことはしませんでした。

それほどビジネスパーソンにとってパワフルな武器になるからです。

「標準偏差」はいったい何がパワフルなのか。答えはこうです。

リスクを数値化できる

一般的にリスクのないビジネスはありません。

「ノーリスクで儲かりますよ」なんて話を信じる人はいないでしょう。あなたが関わるビジネスにも何かしらのリスクがあります。

そしてそのリスクについて会話するとき、あなたやその相手はきっと「どれくらいリスクが大きいのか」を知りたいはず。だから過去のファクトから未来のリスクを数値化できる手法がわかれば、ビジネスをいい方向に進めることができます。

ではあらためて、標準偏差とはどのような数字かを定義します。

〈定義〉

標準偏差：あるデータ群において、平均値からのバラツキ具合を数値化したもの

エクセルを活用し、関数STDEVPで計算できる

〈事例〉

ある受験生XとYが数学の模試を受験した。模試はA、B、Cの3種類。得点は次ページの図の通りで、平均点はいずれも60点である。

受験生X

A	B	C
30	90	60

平均60点

受験生Y

A	B	C
60	70	50

平均60点

このとき、平均点からのバラツキをこのように数値化する。

ステップ1　それぞれ平均点からの差を計算
ステップ2　それぞれその2乗を計算
ステップ3　3つの合計値を計算
ステップ4　1データあたりの数値にする（このケースは3で割る）
ステップ5　平方根をとる（2乗して「ステップ4」の数になるような数値を求める）

例えば受験生Xの標準偏差、つまり平均点からのバラツキの大きさは24.49…となります。

実際にエクセルでも関数STDEVPで3教科のデータを指定することで同じ値を得ます。ぜひ試してみてください。

このような理論があれば、同じように平均点が60点の人物でも異なる評価ができます。模試によってバラツキが大きいのか、それとも安定して似たような得点をしているのか。

そして一般的に前者をリスクが高いと評価します。

このケースなら、受験生Yよりも Xのほうが「危なっかしい」となります。数学を受験科目に入れるのはリスクが高いという評価です。具体的に標準偏差を比較してみましょう。

受験生X　およそ24
受験生Y　およそ8

あくまで数字での話ですが、数学を受験科目にするリスクは3倍の違いがあるということになります。もしそれでもこの受験生Xが数学を受験科目にするのであれば、この数値がどう変化すれば受験科目に入れる決断をするのかを決めておく必要があり

受験生 X

		A	B	C	平均点
		30	90	60	60
STEP1	平均点からの差	-30	30	0	
STEP2	その２乗	900	900	0	
STEP3	合計	1800			
STEP4	データの数量で割る	600			
STEP5	平方根をとる	24.49489743			

受験生 Y

		A	B	C	平均点
		60	70	50	60
STEP1	平均点からの差	0	10	-10	
STEP2	その２乗	0	100	100	
STEP3	合計	200			
STEP4	データの数量で割る	66.66666667			
STEP5	平方根をとる	8.164965809			

ます。

ここに絶対の基準はありませんが、私ならこれ以降も何度か模試を受験し、次の3つの条件を満たした場合にそうするかもしれません。

・今後さらに違う模試を3つ以上受験する（同じように3つの模試の結果で評価する）
・その得点の平均点が70点以上である（現状よりも得点力がアップしている）
・その標準偏差が10点未満であること（現状よりもリスクが小さくなること）

ひとつでも満たないものがあれば受験科目から数学は捨てると意思決定するでしょう。

本書をお読みのあなたはもしかすると、「これはビジネスでもある話だな」と思ったかもしれません。事実、ビジネスでも起こり得る話です。

例えば製造工場XとYがあるとします。2つの製造工場において毎月の不良品発生数をデータ化し、その平均値と標準偏差を算出します。

仮に平均値がほぼ同じだとしても、標準偏差が小さいほうが製造過程のパフォーマンスに安定感がある工場と評価できます。

言い換えれば、標準偏差が大きいということは不定期に機械の動作不良が起こったり、作業者の仕事の質にバラツキがあったりしていることが想像できます。

標準偏差が大きい工場のほうが危なっかしい工場、つまり大量に不良品を出してしまうリスクが大きいと評価できます。


また、仮にその工場の安定感が増したのであれば、それをどうやって説明するか。

このような問題を解決してくれるのが標準偏差という数字です。

- **不良品発生の原因を特定し改善。その上で◯ヵ月間、工場を稼働させる**
- **その平均値が減ること**（現状より不良品が減る）
- **その標準偏差が減ること**（現状よりリスクも小さくなる）

前ページの3つの条件を満たした場合、「安定感が増した」と説明できるでしょう。ひとつでも満たないものがあればそう評価はできないというルールを決めることで、その工場が目指すカイゼンが見事に数字で定義できました。

あらためて、あなたの仕事においてリスクを数値化できたらいいなと思う場面はありませんか。エクセルだけで簡単に数値化できる手法です。

標準偏差の活用方法については拙著『入社1年目からの数字の使い方』（日本実業出版社）でほかにもご紹介しています。よろしければご参照ください。

手元にある素材（ファクト）：増える・減るといった変動が存在するデータ
作りたい料理：リスクの数値化
調理に必要な条件：エクセルが活用できること
調理方法：標準偏差（関数STDEVP）

「どれくらい関連がありそうか」を数値化する
～相関係数～

続いて「相関係数」について説明します。これも私の著書ではこれまで何度もご紹介し、数字で考えることをテーマにした講座でも参加者に必ずお持ち帰りいただくテーマです。

しかし、やはりそのパワフルさという点でこのテーマも外すことはできませんでした。「相関係数」はいったい何がパワフルなのか。答えはこうです。

「どれくらい関連がありそうか」を数値化できる

「深い関係」という表現があります。例えば子どもの頃、私はよく友人同士で「俺たちってかなり仲良いよな」と会話したことを覚えています。いま思えば、「かなり仲が良い」「そこそこ仲が良い」「あまり仲良くない」といった概念はとても曖昧でした。

プライベート（まして子どもの会話）ならそんな面倒なことを考える必要はありませんが、これが大人になってビジネスの会話になるとそうはいかないことがあります。

「広告費」と「売上高」はどれくらい深い関係にあるのか。
「気温」と「来店者数」はどれくらい深い関係にあるのか。
「社歴」と「成果」はどれくらい深い関係にあるのか。

など、2つの事柄の数字の増減にどれくらい深い関係があるかを把握することは、ビジネスにおいてとても有効です。

例えば最初の「広告費」と「売上高」。もし関係の深さがわかれば、「売上高」を増やすためには「広告費」を増やすことが有効だと論理的に主張できるでしょう。

「気温」と「来店者数」も同じ。仮に気温が下がるほど客数が増えるビジネスなら、気温という数字からも来店客数を予測することが可能です。

「社歴」が長ければ長いほど「成果」が出ているとは限らない。むしろ逆の傾向が出ているとするなら、社内にいる〝古参者〟をどう再教育するかは経営において重要な課題になったりもするでしょう。

いまからご紹介する手法は、そんな場面でとても役立つものです。先ほどの「標準偏差」と同様、エクセルだけで簡単にできます。ぜひ身につけておいてください。

ではあらためて、相関係数とはどのような数字かを定義します。

［定義］
- 「相関関係がある」とは、2つのデータの増減に似た傾向があること
- 相関係数：2つのデータの相関関係の強さを数値化したもの
- エクセルを活用し、相関係数を求める関数CORREL（配列1、配列2）で計算

［特徴］
- −1≦相関係数≦＋1
- ＋1に近い数値であればあるほど、強い正の相関関係がある
- −1に近い数値であればあるほど、強い負の相関関係がある

［事例］

ある予備校で行われた模試の3教科（国語、数学、英語）それぞれの平均点のデータを使って、相関係数を算出する。

国語と数学の相関係数はおよそ＋0.8。正の相関関係があると言える。

一方、国語と英語の相関係数はおよそ−0.7。負の相関関係があると言える。

国語も数学も、実は論理思考力を測るもの。そう考えると、国語が得意な学生は数学も実は得意という傾向が出てもおかしくはないでしょう。

逆に英語を「暗記科目」だと思って勉強をしてしまっている学生も多いとするなら、国語は得意なのに意外と英語に苦戦する傾向が出てもおかしくはないでしょう。

少しだけ補足します。

この相関係数は極めて複雑な数学的理論により算出されています。理論の説明はほかの専門書に譲り、本書はあくまでビジネスパーソンの活用法のみ解説することをご了承ください。

算出された相関係数は必ず−1から＋1の間の値になります。

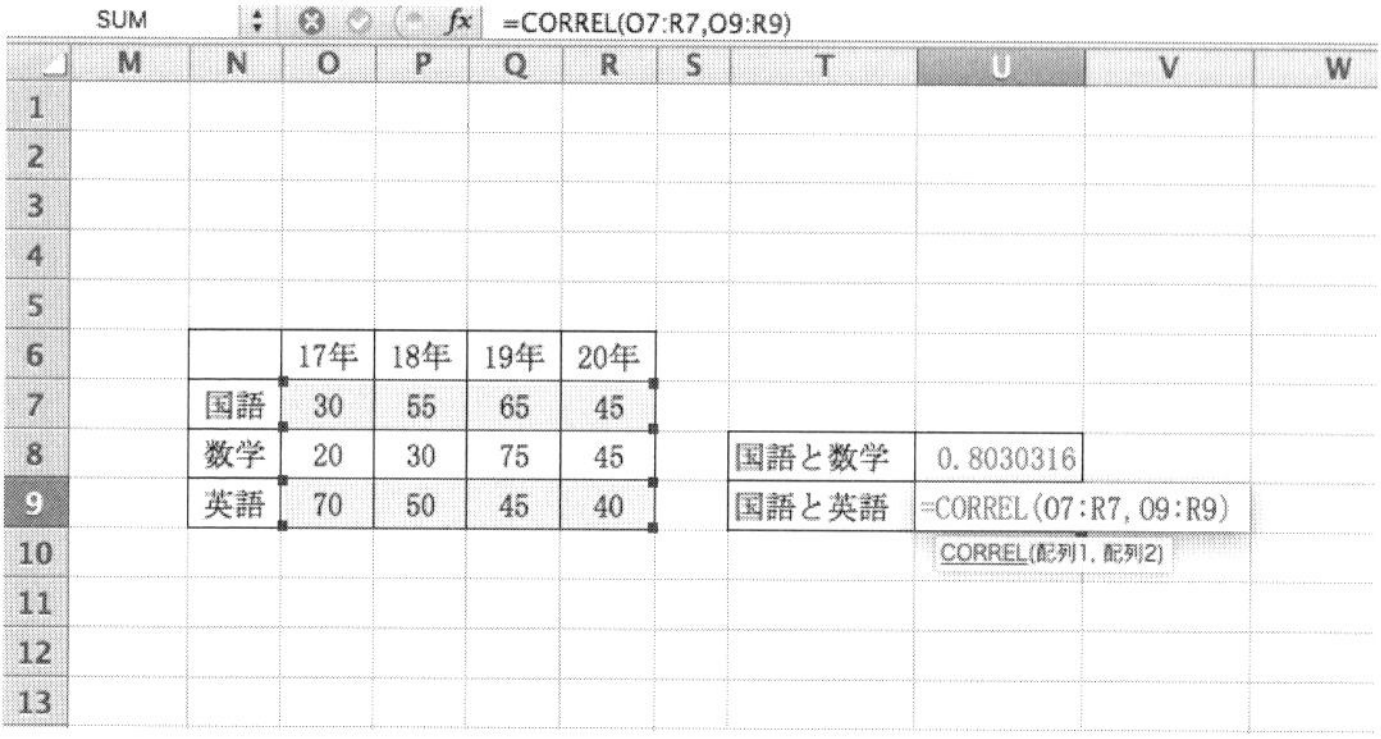

	17年	18年	19年	20年
国語	30	55	65	45
数学	20	30	75	45
英語	70	50	45	40

国語と数学	0.803031639
国語と英語	-0.710957873

Aが増えればBも増えるような関係は、「正の相関関係」と言います。先ほどの例で言えば、「売上高」と「広告費」の関係です。

一方、負の相関関係とはAが増えるほどBは減るような関係。先ほどの例で言えば、「気温」と「来店者数」の関係のことです。

私個人の主観も入りますが、一般的に＋0.7以上（−0.7以下）の数値なら強い正（負）の相関関係があると評価し、ビジネスにおいても根拠として使うことは有効であろうと考えます。

裏を返せば、±0に近い数値だった場合は、ほとんど相関関係は認められないということになります。そのAとBをつなげて物事を論じるのは推奨できません。

数学的な解説はここまでにします。重要なのはここからです。ぜひあなたに意識してもらいたいことがあります。

それは、**常に2者の関連で考えて仮説を作る**という視点です。

・来年度の広告予算を決めたい
↓**広告費と売上高に相関関係があるのではないか？**

・明日の来店客数を予測したい
↓**気温と来店客数に相関関係があるのではないか？**

・ベテラン社員に研修が必要であることを説明したい
↓**社歴と成果に相関関係があるのではないか？**

いずれにも共通するのは、2つの関連性を疑うということです。
先ほどの予備校の事例も、「もしかしたら国語と数学のスコアには関連があるのではないか？」という疑いを持ったからこそ相関係数を算出してみるという行為につながっています。

まとめると、次の質問に答えていくことがあなたの仕事です。

Q1　あなたが実現させたいことは何か
Q2　そのためにどんな2者の相関関係を疑うか
Q3　その2者はデータで用意できるか（ファクトベースの仕事ができるか）
Q4　算出した相関係数をどう評価できるか

なぜ私は2種類のデータの関連で説明することを強く推奨するのか。
それは、**「関連している」という説明がビジネスでは強力な説得材料になるから**です。

現実のビジネスシーンでは単に「広告予算を増やして欲しい」と主張しただけではなかなか通りません。しかし、売上高に強く関連しているという数字にもとづいた情報があるだけで、反応が変わるはずです。

ただ一方で、膨大なデータを高度かつ複雑な分析をした結果があったとして、その説明は（分析手法などまったく知らない）相手が理解できるものでしょうか。

ビジネスパーソンが100人いたら、専門的な統計手法を知っているのはおそらくひとりくらいです。しかし、いま紹介した2つの相関関係での説明なら、おそらくその100人すべてが理解できるでしょう。

あなたは（おそらく）研究者ではありません。高度な分析ができるようになることが仕事ではなく、**いま目の前にあるその仕事を最も簡単かつシンプルな手法で前に進めることが仕事です**。

だから、あなたは難易度の高い統計手法を学ぶ必要はありません。

これが、一般的なビジネスパーソンが使う統計手法はこれだけでいい、と私が申し上げる理由です。信じていただけますか。

手元にある素材（ファクト）：増える・減るといった変動が存在する2種類のデータ
作りたい料理：相関関係の強さを数値化
調理に必要な条件：エクセルが活用できること
調理方法：相関係数（関数ＣＯＲＲＥＬ）

#「モデル化」で説得力を手に入れる

「どれくらい必要か」を数値化する
～単回帰分析～

データを調理する方法。ここからご紹介するのは、「数学的モデル」を作るという発想です。さっそく定義からまいります。

数学的モデル：物事や事象の構造を数学的に具体化したもの

自分で定義しておいて恐縮ですが、これではあまりに抽象的でよくわかりません。

具体例をひとつ挙げましょう。例えば初期費用100円、1日利用するごとに10円が加算されるサービスがあったとします。日数をX、かかる費用をYとすれば、このサービスは数学的にこう表現できます。

Y＝10X＋100

これはいわば、このサービスの構造を数学的に明らかにしたと言えます。

これが私の定義する「数学的モデルにする」ということです。

このように、数学的モデルにすることで、手元のデータから提案や説得に使える数字を新たに作ることができます。

本章の最後として、2つほど代表的な調理方法をご紹介します。

まずひとつめは、**単回帰分析**と呼ばれる手法です。

2者の関連を数学的モデルにすることで、具体的な数値を算出できます。「2者の関連」という言葉から、先ほどの相関係数の話を思い出す方も多いことでしょう。そう、実はこの単回帰分析とは、先ほどの相関係数による分析の〝続き〟なのです。

前項で挙げた3つの例を思い出します。

・**来年度の広告予算を決めたい**
↓広告費と売上高に相関関係があるのではないか？
↓強い相関関係が認められた
↓では売上高2億円を達成するために必要な広告予算は**具体的にいくらか？**

・**明日の来店客数を予測したい**
↓気温と来店客数に相関関係があるのではないか？
↓強い相関関係が認められた
↓では明日の平均気温が5℃なら、来店客数は**具体的に何名か？**

・**ベテラン社員に研修が必要であることを説明したい**
↓社歴と成果に相関関係があるのではないか？
↓強い相関関係が認められた

→では社歴が1年増えるごとに、生み出す成果は**具体的にどのくらい減るか？**

このように強い相関関係が認められる場合、もう一歩先まで進めたくなります。そのもう一歩とは、その関連の仕方を数学的モデルにしてしまうこと。結果として
「具体的にどのくらい？」に答えられる数字を作ることができます。

それができれば、確保したい広告予算、明日の来店客数、社歴がどう成果に影響しているかなど、自分の提案や主張の裏付けを数字で語ることができます。

活用事例をひとつご紹介します。

ある業界で新規事業を立ち上げたH社は、従業員18名でおよそ1・7億円の売り上げ規模の会社です。

これから成長戦略を描くにあたり、社長は5年後に売り上げ5億円を達成するビジョンを掲げています。当然ながら雇用を増やしていかなければなりませんが、具体的にこの5年で新規の採用を何名くらいで計画するのが妥当かを考えています。

まずはこの業界の各社の公表している従業員数と年間の売上高を調査し、相関関係

があるかどうかを確認します。算出した結果、極めて強い正の相関関係が認められました。（相関係数　+0.92）

そこで、さらにこの関連を数学的モデルにすることで、売り上げ5億円に必要な従業員数を論理的に計算します。

	従業員数（人）	売上（万円）
A	44	50030
B	40	43910
C	37	53007
D	41	48962
E	30	22410
F	32	23999
G	22	20041
H	18	17430
I	46	52410
J	44	60300
K	29	25020
L	38	40502
M	29	23998
N	30	24850
O	24	21743
P	33	34842

散布図にすると

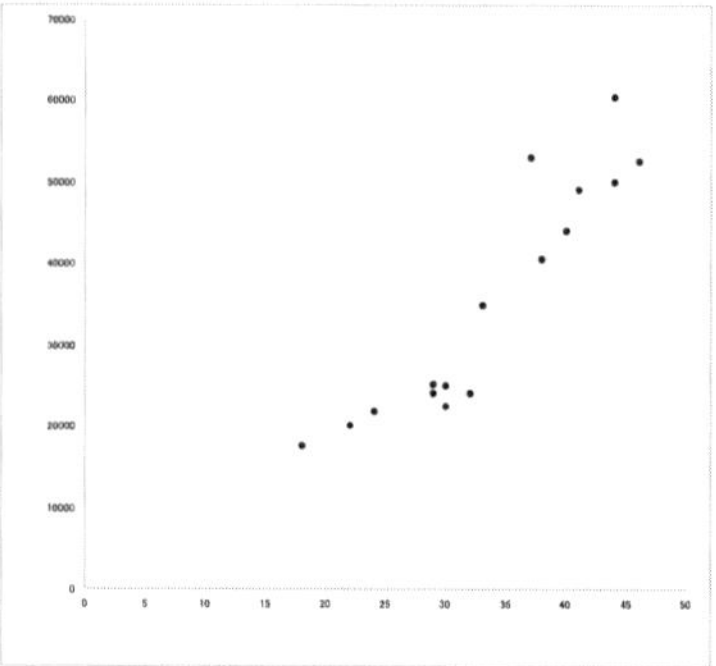

横軸：従業員数（人）　縦軸：年間売上高（万円）

このデータの関連を数学的モデルにする手法はとても簡単です。エクセルを活用し、以下のマニュアル通りに操作してください。

【単回帰分析マニュアル】

1．どれでもいいのでグラフの中のポイントを選択し、右クリック
2．「近似曲線の追加」を選択
3．「近似または回帰の種類」において「線形近似」を選択
4．以下のチェックボックスにチェックを入れる
☑グラフに数式を表示する　※Macの場合、オプションの中にあります。
5．「閉じる」をクリックすると、ある直線とその直線を表す数式が示される

表示された1本の直線が数学的理論により導かれた、この2者の関連を表現する直線となります。そして表記されている数式はこの直線を従業員数X、売上高Yとして数学的に表現したもの。

つまりこの2者の関連を数学的モデルにしたものです。

単回帰分析マニュアル

1. どれでもいいのでグラフの中のポイントを選択し、右クリック
2. 「近似曲線の追加」を選択

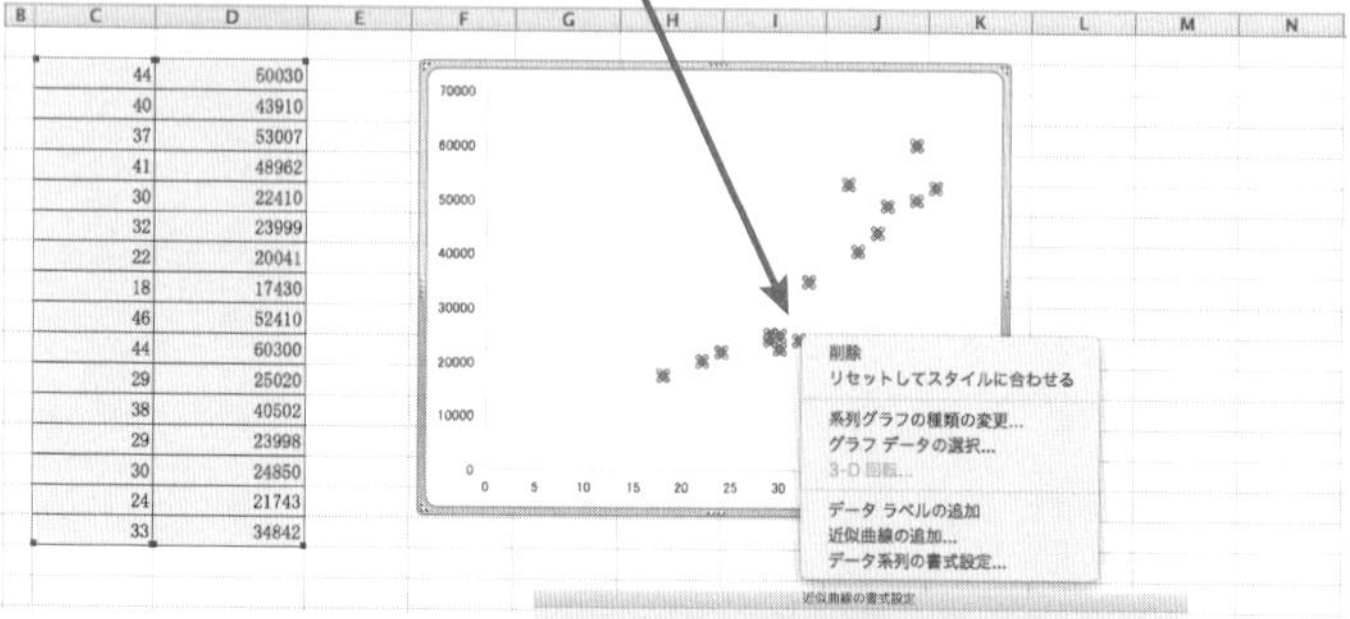

3.「近似または回帰の種類」において「線形近似」を選択

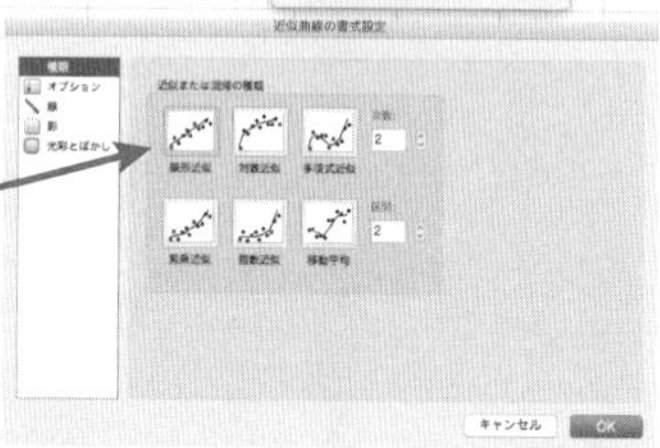

4. 「グラフに数式を表示する」にチェックを入れる
※Mac では「近似値曲線の書式設定」の「オプション」の中にあります。

5. 「閉じる」をクリックすると、ある直線とその直線を表す数式が示される

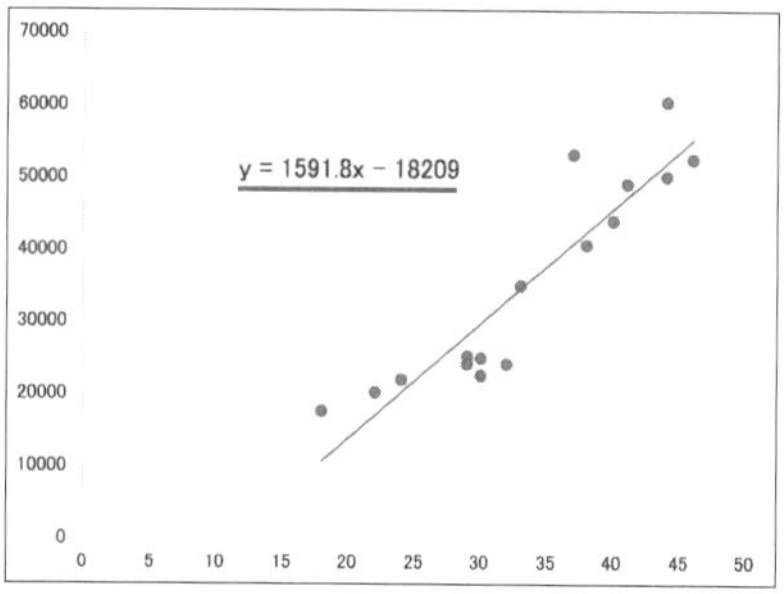

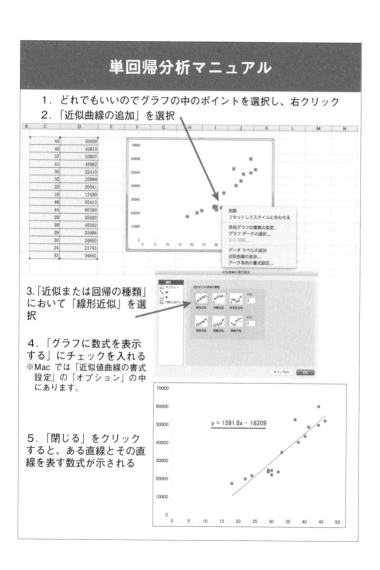

この業界のこれまでの実績（ファクト）から分析すると、5億円の売り上げを得るために必要と思われる従業員数は、次の計算式により（理論値ではありますが）概算できます。

$50000 = 1591.8X - 18209$

$X = (50000 + 18209) \div 1591.8 \fallingdotseq 43$

この一連の行為を単回帰分析と呼びます。結果として次のことが言えます。

- 2者には強い正の相関関係がある
- つまり大まかな傾向として、売り上げが高いほど従業員数も多い
- その関連の仕方を数学的モデルにすると、Y＝1591.8X－18209と表現できる
- このモデルから、この業界は従業員をひとり増やすごとに売上1591.8万円増えるビジネスをしていると説明できる。

もしH社が将来的に売り上げ5億の会社にしたければ、そのときの従業員数の理論値は43人。現在は18人だから25人の新規採用が必要となります。

また、従業員をひとり増やすことは当然ながら会社のコストも増加することを意味します。ひとり増やすことで生じる総コストに対しておよそ1600万円の売上増が果たして会社として妥当なのかも判断が必要になるでしょう。

適正であれば5年間で25人採用のプランは現実的となり、不適正であればこの成長戦略を見直す必要があります。いずれにせよ、数字を使って合理的な仕事が可能になります。

まとめます。仕事の流れはこうです。

相関係数を把握

↓

強い相関関係を認める

↓

単回帰分析を実施

←

具体的な数値を作って根拠にする

数学的モデルでデータを調理する。実はとても簡単な仕事術です。

あなたもいますぐやってみてはいかがでしょうか。

手元にある素材（ファクト）：強い相関関係のある2種類のデータ

作りたい料理：Y＝aX＋bという形の数学的モデル

調理に必要な条件：エクセルが活用できること

調理方法：単回帰分析

「どれくらい安全（危険）か」を数値化する
～損益分岐点分析～

2つご紹介すると申し上げた数学的モデルの話。最後のひとつは極めてシンプル。商売を数学的モデルにするのです。

当たり前ですが、商売には損益があります。つまり、必ず売り上げと費用が発生します。そしてご存じの方も多いと思いますが、費用には固定費と変動費があります。

商売を数学的モデルにする。1行で表現するとこうなります。

売り上げ−変動費−固定費＝利益

あなたがいま関わっている商売もまさにこの構造で成り立っています。あまりに当たり前のことで拍子抜けする読者の方も多いでしょう。

ではここで重要な問いです。

Q　あなたの商売は、どれくらい安全な（危険な）ビジネスモデルですか？

ここでの危険とは、「損失が出やすい」ということです。

あなたの商売は、同業他社と比べてどれくらい「損失が出やすい」でしょう。どうやってそれを説明しましょう。いまからそれを数学的モデルで解説します。

A社は変動費率20％、固定費700とします。一般的に変動費とは売り上げに連動して増減する費用なので、売り上げに対する比率で表現します。変動費率20％とは、常に売り上げの20％分が変動費としてかかることを意味します。

B社は変動費率40％、固定費500

C社は変動費率80％、固定費500

とします。

例えばA社とB社の売り上げ目標が1,000、C社の売り上げ目標が5,000ならそのとき得られる利益は次のような計算で求めることができます。

A社の利益＝1,000－200－700＝100（利益率10％）
B社の利益＝1,000－400－500＝100（利益率10％）
C社の利益＝5,000－4,000－500＝500（利益率10％）

すべて利益率は同じです。

でも、だからといって「どれくらい安全か」まで同じなのでしょうか。このようなとき、ビジネスでは損益分岐点売上高という数字を把握し、その数字を基準にして説明します。

損益分岐点売上高とはちょうど利益がゼロになる売上高のこと。この例をそのまま使って説明します。

A社の損益分岐点売上高をa、B社とC社のそれをb、cとすると、この3つの商売はこのような数学的モデルで表現できます。

A社：$a-0.2a-700=0$
B社：$b-0.4b-500=0$
C社：$c-0.8c-500=0$

文字式になると途端に難しいことが書かれているように感じるかもしれませんが、「売り上げ−変動費−固定費＝利益」を表現しています。変動費率も前ページの条件と同じ、固定費も同じです。

それぞれa、b、cを求めます。

A社：$a-0.2a-700=0 \rightarrow 0.8a=700 \rightarrow a=875$
B社：$b-0.4b-500=0 \rightarrow 0.6b=500 \rightarrow b=833.33\cdots$
C社：$c-0.8c-500=0 \rightarrow 0.2c=500 \rightarrow c=2{,}500$

すなわち、A社は売り上げ875が損益分岐点になります。この売り上げから少しでも下回れば損失が生じ、少しでも上回れば利益が出ます。同様にB社はおよそ

833、C社は2,500。

まず同じ売り上げ目標1,000のA社とB社で比較をすると、B社のほうが少ない売上高で損益分岐点に達します。言い換えれば「B社のほうが損失は出にくく安全、A社のほうが損失を出しやすく危険」ということになります。

ところがC社との比較を考えるとそう単純ではありません。

そもそもの売り上げ目標が5倍も違う、つまり商売の規模が違うからです。

そこで、A（あるいはB）社とC社ではどちらが安全なのかといった比較もできるよう、安全・危険という言葉を数字で次のように表現します。

危険度＝（損益分岐点売上高）÷（計画した売上高）

安全度＝1－危険度

A社の危険度　＝　875÷1,000＝0.875

B社の危険度　＝　833÷1,000＝0.833

C社の危険度　＝　2,500÷5,000＝0.5

↓

A社の安全度　＝　1－0.875＝0.125
B社の安全度　＝　1－0.833＝0.167
C社の安全度　＝　1－0.5＝0.5

この安全度の数値が大きいほど、損失が出にくい商売であることを意味します。

すなわち、A（0.125）社よりもB（0.167）社のほうが安全、さらに売り上げ規模の異なるC（0.5）社とも同じ土俵で比較ができ、C社はA社やB社よりも安全であることが数字で説明できます。

このように同じ利益率でもそれぞれの商売の個性はまったく違うのです。


一般的に、経営に近い立場になればなるほど失敗を恐れます。

彼らにとって失敗とは、「損失を出すこと」です。ゆえにいまから進めようとしているビジネスはどれくらい安全なのか（危険なのか）がとても気になるものです。

あなたが経営層に何か判断を仰ぐなら、ぜひこのような数字を情報に盛り込み、とても気にしているポイントについてわかりやすい答えを提示してあげてください。

そのために準備として必要なことは、次の3種類の数字を把握することだけです。

・計画した売上高
・変動費率（売り上げに対して何%かかるのか）
・固定費の額

経営とか商売とか言われても自分ごとにならない方もいるかもしれません。

しかし、いつか必ず経営層と数字で対話する場面が来るはずです。あるいはなんらかの商売を自ら始めることもあるかもしれません。

でもだからといって慌ててビジネススクールに通ってMBA（経営学修士）を取得する必要はありません。

経営者が気にすることがわかっていればいいのです。

最後に補足。ここでご紹介した「危険度」という数字は一般的には「損益分岐点売上高比率」と呼ばれ、「安全度」は「安全余裕率」と呼ばれています。

ただ、私はやはり「危険度」「安全度」のほうが誰でもピンとくるわかりやすい表現ではないかと思い、このような表現で説明しました。

重要なのは専門用語を知ることではなく、考え方と意味がわかることですから。

手元にある素材（ファクト）：数字で立案した事業（収益）計画
作りたい料理：どれくらい安全な計画かを数値化したもの
調理に必要な条件：計画した売上高・変動費率・固定費額の把握
調理方法：損益分岐点分析

データの料理上手に

以上が本書でお伝えする、私が8つに厳選した「数学的手法でデータを調理する手法」です。数学の勉強をするのではなく、数学的な仕事術を身につける。あなたがやってみようと思えたものはどれですか。技術の向上によりなんでもデータが取得できる時代。ファクトベースで仕事をすることが常識の時代。必ずあなたの武器になる調理法があるはずです。

そういえば知人（男性）の料理人がこんなことを言っていました。

「ここだけの話、料理が上手だと女性にモテます」

なんとも羨ましい限りです。素材を調理し、美味しい料理を作り、相手にそれを食べてもらい、喜んでいただく。あなたもぜひデータの料理上手に。職場でモテます。きっと。

第4章

「正解のない問い」を数値化する思考法

しばしば、
直感が頼みの綱になる。

ビル・ゲイツ（米国の実業家、マイクロソフト社の創業者 / 1955〜）

アサンプションベース思考

「知らんがな」に対する向き合い方

突然ですが、次の問いに答えてみてください。

人間の頭皮に生えている髪の毛の本数はざっくりどれくらいでしょう?

「知らんがな」と心の中でつぶやいた方も多いことでしょう。あるいはすぐにGoogleで調べようとした方もいるかもしれません。実はこのような問いを前にしたときの反応で、ビジネスで成果を出せる人物かどうかがわかってしまいます。

いま、この瞬間にくしゃみをした人は世界中でざっくりどれくらい？

いまあなたが並んでいるその行列、並ぶ時間はざっくりどれくらい？

今夜、生ビールを飲む日本人はざっくりどれくらい？

いま、あなたが乗っている電車の総乗客数はざっくりどれくらい？

あなたが1年間仕事をしたことによる経済効果はざっくりどれくらい？


思わず「知らんがな」と言いたくなるような「ざっくりどれくらい？」という問い。

これらに共通していることは、正解がないということです。

例えば「くしゃみ」の問題。仮に何らかの方法でざっくり数値を弾き出せたとして、それが正しいかどうかを知る術はありません。全世界を網羅するくしゃみ探知機（？）でも開発しない限りは。


しかし、ビジネスではそんな問いに対して答えを作れたほうがいいこともあります。

例えば先ほどの「あなたが1年間仕事をしたことによる経済効果はざっくりどれくらい？」に数字で答えられたら、ちょっとカッコいいとは思いませんか。

自分の価値を数字で語れるということは、本書で目指してきた「数字で考えられる人物」であることの何よりの証明です。

もう少し身近な例でお伝えするなら、例えば新規事業を立ち上げるとき。

初年度の売上高、3年目の売上高、5年目の売上高、どのような成長曲線を描くのか、誰も答えを知りません。つまり「知らんがな」です。

しかしその事業を始めるにあたっては「ざっくりどれくらい？」に答える数値計画を用意することが求められます。

そんなときに必要なものは、想定や仮定といった人間の直感に頼った思考です。

ファクトベースの限界。論理思考によるアプローチの限界。

ここから私たちはその限界を突破します。

アサンプションベースとは何か
～ＡＩにできない計算をしよう～

第1章でお伝えしたように、「数字で考える」には2種類あります。ファクトベースとアサンプションベース。第2章と第3章でファクトベースの仕事術について本質と技術をお伝えしてきました。

いよいよ最終章。あらためてこの言葉の定義から始めます。

アサンプションベースで考えるとは、「仮定」を出発点にして考えること。

手元にファクト（事実）がないなら、「仮定」で仕事を進めるしかありません。ファクトベースだけでなく、アサンプションベースで考えることを推奨する理由をもう少し深く説明します。

そのためのわかりやすい素材が人工知能（ＡＩ／artificial intelligence）です。Wikipediaによる人工知能の説明を見てみましょう。この内容が世界共通の定義ではありませんが、誰でも知っている共通の辞書からの引用という意味で使います。

「『計算（computation）』という概念と『コンピュータ（computer）』という道具を用いて『知能』を研究する計算機科学（computer science）の一分野」を指す語。「言語の理解や推論、問題解決などの知的行動を人間に代わってコンピュータに行わせる技術」、または、「計算機（コンピュータ）による知的な情報処理システムの設計や実現に関する研究分野」ともされる。（Wikipediaより）

専門的な用語が並んでいますが、なんとなく理解できるでしょう。
ただ、私ならこの一言で定義してしまうでしょう。子どもでもわかる定義です。

「極めて優秀な計算機」

さて、この「極めて優秀な計算機」をもっと身近なものに置き換えてみます。
あなたの机の上に置いてある電卓。これこそ計算機です。電卓はどう使うものか。
具体的な数値を入力し、計算を指示します。すると一瞬で計算結果を表示してくれる。これが計算機。当たり前ですね。

ここで重要なのは、「人間が具体的な数値を入力しないと、この計算機はただの置き物にすぎない」ということです。

誰かがファクトを入力すれば、極めて素早く正確に答えを教えてくれます。

しかしそれは裏を返せばこういうことです。

①プログラミングされていない計算はできない
②指示されたことしかできない
③自分自身で何かをすることはない
④正確に計算することを前提に存在する

こう箇条書きにすると、①~③はまるで仕事のできない人のようです。

世の中は「ＡＩ」で騒ぎすぎです。

「ＡＩ」に仕事を奪われる？　そんなことはあり得ません。人間はいままで通り、人間らしく仕事をすればいい。それは数字で考えるというテーマについても同じです。

そしてこの④「正確に計算することを前提に存在する」が、ここから私があなたにお伝えしていくことの軸になります。

ざっくり数字で答えればいい

私の申し上げる「人間らしく」とはどういうことか。少し補足します。

なぜ、やめたほうがいいとわかっているのに夜中にラーメンを食べてしまうのでしょう。

なぜ、間違いなく正論であっても、上司の考え方に賛同できないのでしょう。

なぜ、好きになってはいけない人を好きになってしまうのでしょう。


そもそも、人間は論理的ではありません。直感的に生きています。

食べたいものは食べたい。嫌なものは嫌。好きなんだから仕方ない。それが人間です。加えて、人間は「正確」な生き物ではありません。

今日も自らの不注意による遅刻は世界のどこかで起こっています。時速5㎞で歩いてくださいと言われてピッタリその速度で歩ける人はおそらくいません。発言と行動が一致しない人もたくさんいます。人間は「正確」ではないのです。

直感で生きている。そして正確でない。それが人間だとするなら、「数字で考える」という行為も直感的でいいし、正確でなくていいのではないでしょうか。

計算機はできないけれど人間ならできる数値化。それがアサンプションベースで数字を作っていく作業です。

ではいったいどのような場面でそれは威力を発揮するのか。

それは、規模を掴むために概算するときです。

実は、ビジネスでは「ざっくりどれくらい？」に答えられれば十分な場面ばかりです。

例えば、新規事業。初年度の売上高を複雑な理論と高度な技術でシミュレーションした結果、「182,417,000円を見込む」という答えが出たとします。極めて優秀な計算機の仕事です。すごい。

しかし、すごいですが一方でとても〝不自然〟です。

どうなるか誰もわからない未来の数値を、なぜそんな細かい数値で結論づけられるのか。実際にビジネスするのは、極めて正確な計算機ではなく、不正確な人間です。「ざっくり2億円と見込む」のほうが自然ですし、とても人間的ではないでしょうか。そして何より、ビジネスの情報としてそれで十分です。

「正解のないゲーム」という発想を持てるか

ここまでをまとめます。

私は企業研修などで必ずアサンプションベースのトレーニングを使います。もうその理由を説明する必要はないでしょう。

そしてその際、必ず参加者に「Enjoyでいきましょう」と伝えます。

ファクトベースの仕事は手元に数字があります。教えられた調理の仕方を実践すれば、とりあえず料理は完成します。

しかし、アサンプションベースになると途端に「難しい」「本当にこの仮定でいいのか？」と不安になってしまい、思考が止まってしまうのです。「真面目すぎる」というのが私の感想。気持ちはよくわかります。でももったいないなと。それではいつまでたってもアサンプションベースの思考は身につきません。

ですから私は、企業研修の場では（おかしな表現かもしれませんが）楽しむことを強要します。正解かどうかなど気にしなくていい。そもそも正解などありません。だから間違えることもない。ただの遊び。単純に楽しめばいい。子どもが楽しそうにゲームをしているように、あなたも数字と戯れればいいのだと。

先ほどの「人間の頭皮に生えている髪の毛の本数はざっくりどれくらい？」という問いも、これを難しいと思いながら真剣にやってもおそらく楽しくないでしょう。ただの遊び。ゲーム感覚で楽しめばいいのです。実際にやってみましょう。

「人間の頭に生えている髪の毛の本数はざっくりどれくらい？」という問いを考える。

←

「髪の毛はどれくらいの密度で生えているか」という問いであると定義する。

←「手の平全体」の面積にだいたい髪の毛が何本生えているかを考える。

←「指の爪」の面積にだいたい髪の毛が何本生えているかを考える。

←「指の爪」の面積を1㎝×1㎝の1㎠と**直感的に仮定する**。

←1㎜の幅に2本生えていると**直感的に仮定する**。

←1㎝×1㎝のスペースに20×20＝400本生えている。

←そのスペースが5本指で計30個あると**直感的に仮定する**。

←指以外の面積が5本指の合計面積と同じと**直感的に仮定する**。

400×30×2＝24,000本　（「手の平全体」の面積に生えている髪の毛の本数）

↓

この「手の平全体」5個分が頭皮だと**直感的に仮定する。**

↓

24,000本×5＝120,000本

だいたい12万本というのが私の結論。あくまで私の遊び方をご紹介したに過ぎません。

ほかにも遊び方はたくさんあるはず。あなたはこのテーマで、どのように数字と遊びますか。

もっと人間的に。

もっと直感的に。

童心に返り、子どもが遊ぶようにあなたも「数字で考える」を楽しんでください。

一般論ではありますが、何事も「楽しんでしまう」のが最強の上達法です。

ではいくつかゲームをご用意します。

アサンプションベース思考実践トレーニング

「定義」→「直感的な仮定」→「計算」

先ほどの髪の毛の本数に関する遊び。難解な数学的理論はまったく使いませんでした。そして、とても直感的な行為だったとは思いませんか。

例えば1㎜の幅に2本生えているなんて仮定は、完全に私の直感です。

（頭皮の面積）＝（手の平全体の面積）×5

という発想もとても直感的です。こう計算すれば正解が得られますと説明している学術書を私は見たことがありません。

いったい私はどのような発想で12万本という結論にいたったのか。

それを詳しく解説することで、あなたにもアサンプションベースの思考法が身につくようにご案内します。

あらためて、先ほどの行為は「知らんがな」を「12万本」という具体的な情報に変換した行為です。

定性的な言葉を定量的な言葉に変えた。つまり言葉の変換です。

第1章で「数字とはコトバである」と説明し、かつアサンプションベースを「定性的→定量的」と表現したことを思い出してください。

では、「髪の毛問題」を振り返ります。

実際にした行為は、「定義」と「直感的な仮定」と「計算」の3つだけです。

先ほどの12万本という結論にいたるプロセスをもう一度確認してみてください。

注目して欲しいのは、私が「人間の頭皮に生えている髪の毛の本数はざっくりどれくらい？」という問いを「髪の毛はどれくらいの密度で生えているか、という問いでもある」と再定義した点です。

最初にその行為をすることによって、思考を進めることができました。

密度の問題と定義したから、小さい面積で考えたほうが捉えやすいという発想が必然的に生まれます。「爪の面積」はいきなり空から降ってきたアイデアではなく、最初に自分で定義をしたから導けたものです。

もし違う定義をしていれば、当然ですが違うアプローチになったでしょう。

「また定義？」と思われるかもしれませんが、アサンプションベースの思考法でも大事なのは、「定義」なのです。

- **定義**
- **直感的な仮定**
- **計算**

この3つを組み合わせるだけで、「正解のない問い」を数字で考えられるようになれます。
「知らんがな」を定量的な言葉に変えるには、次のような手順で考えていくことです。

「知らんがな」を数字で表現したい
↓
その問いを数値化できる概念で定義する
↓
直感的な仮定
↓
計算
↓
「知らんがな」が定量的な言葉になる

ではさっそく、あなたも実践してみましょう。
いくつかお題を出しますのでぜひ一緒に考えてみてください。

〜アサンプションベース思考ゲーム　その1〜

「最近利用したその店は儲かっているか？」

あなたがつい最近利用した小売店をひとつ思い出してください。

では、シンプルな問いです。あなたはどう答えますか。

Q　その店は果たして儲かっていますか？

「知らんがな」と思ったでしょう。でもだからこそ遊びに最適のテーマです。

問題を単純化するため、ある1日の収益を数字で捉えることとしましょう。お気づきでしょうか。いま私は「その問いを数値化できる概念で定義する」をしたのです。

さらにこれからすべきことを定義します。

1日の収益を計算するのですから、あなたがすることは大きく3つに分けられます。

・1日の売上高を計算する
・1日のコストを計算する
・最後にその2つを引き算する

いまから何をするのか定義できました。ではここからは「直感的な仮定」と「計算」の出番です。ぜひチャレンジしてみてください。私は自宅から近くのある定食屋をテーマに設定してみます。

比較的リーズナブルな価格設定。とにかくランチタイムは店員が忙しそうにお客様の対応をし、食事のサーブが後手後手になっている感がある店です。

時間帯を3つに分類。忙しいランチタイムは客数が多く、夜の時間帯の客数はそれほど多くないものの、ビールやサイドメニューなどを楽しむお客様もいることから単価を高めに設定。これらすべて著者の直感的な仮定です。

[11:00〜13:00]

客数　1時間に20名の来店と仮定し　20名×2時間＝40名

単価　700円

売上高　700円×40名＝28,000円

[13:00〜17:00]

客数　1時間に5名の来店と仮定し　5名×4時間＝20名

単価　700円

売上高　700円×20名＝14,000円

[17:00〜22:00]

客数　1時間に10名の来店と仮定し　10名×5時間＝50名

単価　1,000円

売上高　1,000円×50名＝50,000円

1日の売上高　＝　28,000＋14,000＋50,000＝92,000円

次に、コストの計算をしてみます。先ほどと同じように仮定をベースにして計算していきます。人件費と原価だけでもざっくりこのような金額と仮定します。

時給　平均1,500円
勤務時間　平均8時間
スタッフ数　平均3.5名
1,500円×8時間×3.5名＝42,000円

原価率　40％
原価＝92,000円×0.4＝36,800円

42,000円＋36,800円＝78,800円

実際はこれに賃料や光熱費なども当然加わります。そう考えると、この店が1日の営業で儲けが出ているのかは極めて疑わしい。

もちろん実際にどうかはわかりません。ただこの定食屋はつい最近、注文～食事～片付けまでのオペレーションをすべてお客様にやっていただく「セルフサービス」に切り替えました。個人的にはなるほどとしっくりきたことを付け加えておきます。

さて、あなたの設定したその店はどうですか。そしてもし今後その店に何か変化があったとしたら、その理由を考えてみてください。

レイアウトを変えた。アルバイト従業員が増えた（減った）。閉店した。それらには必ず理由があるはずです。

〜アサンプションベース思考ゲーム　その2〜
「社内の雰囲気が良くなった」をどう数値化する？

少し難易度を上げたテーマです。次の問いにあなたはどう答えますか。

Q　あなたの職場は、雰囲気がいいですか？

「もちろんいいですよ」と答えたあなたに質問です。なぜいいと言えるのでしょうか。

「メッチャ悪いです！」と答えたあなたに質問です。なぜ悪いと言えるのでしょうか。

「なんとも言えない」と答えたあなたに質問です。なぜはっきり言えないのでしょうか。


「雰囲気がいい」とは極めて定性的な表現です。いかにしてこれを定量的な表現に変換するか。少し難易度が上がったと思いませんか。

しかし、このようなテーマにおいてもあなたがすることは変わりません。

アサンプションベースで考えるとは、「定義」「直感的な仮定」「計算」の3つをすることです。まずは私が遊んでみます。


〈数値化できる概念で定義する〉

雰囲気がいい職場はどんな「数量」が多いかを考えてみる。

例えば笑顔の量が多い職場ほど、雰囲気が良いと言えるかもしれない。しかし、現実的に笑顔の回数をカウントするのは難しい。そこでこのように定義する。

雰囲気の良さを表現する数値＝社員が同僚に向けて発した「褒め言葉」の数
→

〈直感的な仮定〉

一般的に、ビジネスパーソンは勤務した1日でどれくらい同僚に褒め言葉を発するかを想像する。褒めるのが下手な私はせいぜい1回程度だと仮定する。仮にこの会社の従業員が100人いて、20人が誉め上手。60人が普通。残り20人が誉め下手だとし、このような数値を仮定する。いずれも極めて個人的な直感によるもの。

誉め上手な人：1日に5回
普通な人　　：1日に3回
誉め下手な人：1日に1回

↓

〈計算〉

この会社の1日に発生する「褒め言葉」の数は、

誉め上手な人：5回×20人＝100回

普通な人：3回×60人＝180回
誉め下手な人：1回×20人＝20回
計　300回

この会社の現状の雰囲気＝300

極めて定性的な表現を定量的な表現に変換できました。もしこの会社が半年に1回ずつこのような「褒め言葉」に関する意識調査を定点観測していけば、会社の雰囲気がだんだん良くなっている（悪くなっている）ことも数字で説明できます。

ビジネスシーンでは、この「雰囲気が良くなった」のようにとても定性的かつ使い勝手のいい便利な言葉があります。

「組織を活性化させました」

「仕事の効率化を図りました」
「正確に業務遂行するよう管理徹底しました」

など。このような表現はしょせん、とりあえず言っているだけです。相手に伝わることもなければ、あなたの評価につながることもありません。

本書をここまでお読みいただいたあなたは、ぜひそんな場面で「活性化」「効率化」「管理徹底」といった言葉を、あえて定量的に表現することにチャレンジしていただきたいのです。

正解はないのですから、間違いもありません。むしろ「面白いこと考えますね」「なるほど確かに」とポジティブな反応が期待できます。

あとは実践練習あるのみ。私の提示する遊び方が正解ではありません。ぜひあなたなりの遊び方を考えていただき、私にもシェアして欲しいと思います。

〜アサンプションベース思考ゲーム　その3〜

あなたひとりが1年間働いたことの経済効果はいくらか？

サッカーワールドカップの経済効果。

アイドルグループ「嵐」のコンサート1回の経済効果。

いずれもどれくらいの影響があるイベントなのかをお金で表現するものです。

プロ野球の世界でも、同様に考えられるでしょう。有名選手が移籍すると、それまで所属していたチームには大きな影響があるはずです。「あの選手が抜けるインパクトは大きい」と。そのインパクトとはまさに経済効果のことを指します。

・集客にどれくらい影響が出るのか

・チームとして年間でヒットが何本減るのか

・それは得点が何点減ることを意味するのか
・それは勝敗にどれくらいの影響があるのか
・それは順位にどれくらいの影響があるのか
・それは次年度の経営にどれくらいの影響があるのか

球団も経営が必要です。経営者はきっとこのような考えのもと、数字を使って「移籍というビジネス」をしているはずです。ではあなたに思考ゲームをプレゼントします。

Q　あなたひとりが1年間働いたことの経済効果はいくらですか

「私の仕事は数値では語れるようなものじゃないんです」といったご意見はもちろんその通りです。ですがここはあくまで思考のトレーニングと割り切っていただき、あなたの経済効果をざっくりでもいいので数字にしてみませんか。

どんな仕事も、必ず誰かの役に立っています。それはつまり誰かに価値を提供していることにほかなりません。ビジネスである以上、必ずその価値はお金に換算して表現できるはずなのです。

例えば、私のような研修講師という職種は、価値を数値化することがとても難しい仕事です。テレビやマンションのような形あるものを売るようなはっきり成果が見える仕事ではないからです。

では、どう考えるか。再び数学的手順で考えてみます。

〈数値化できる概念で定義する〉

研修の経済効果を数値化できる概念で定義する。

研修とは、受講者のパフォーマンスを高めることが仕事であり、それができればその人が生み出す付加価値も増えるはず。

研修の経済効果＝受講後の参加者が生み出す付加価値の増加分

↓

〈直感的な仮定〉

ひとつだけファクトを使う。

我が国のひとりあたり付加価値（年間）およそ836万円

参照：「日本の労働生産性の動向2018」（公益財団法人 日本生産性本部）による

ビジネスパーソンは年間200日勤務すると仮定

「研修による教育効果＝付加価値1％増」と仮定

↓

〈計算〉

ひとりが1日に生み出す付加価値

836万円÷200日＝およそ4.2万円

↓

「研修による教育効果＝付加価値1％増」の仮定より
増加分の付加価値　420円／日
←
研修を30人が受講したとすれば、研修後は1日あたり
420円×30人＝12,600円／日
研修の経済効果＝1日あたり12,600円ずつ付加価値の増加

このような数字が作れました。もし研修の導入を検討している経営者なら、当然ながらその研修を投資として考えるはずです。そして投資である以上、どんなストーリーで回収できるのかを気にします。

仮にこの研修を50万円で購入するとしたら、

50万円÷12,600円＝39.68

単純計算ですが、わずか40日で回収できる投資であると判断することができます。

「いい研修ですのでぜひ導入してください！」とだけ主張しても、なかなか通りません。ビジネスである以上、どれくらいの経済効果があるのかを数字で説明することはとても重要です。これは私のような研修講師の仕事だけではなく、すべてのビジネスパーソンに言えることではないでしょうか。

実際、私もこのように数字で説明して研修をご導入いただくことが多いです。


大事なことなので繰り返します。

どんな仕事も必ず誰かの役に立っています。それはつまり誰かに価値を提供していることにほかなりません。必ずその価値はお金や数字に換算して表現できるはずなのです。

数字で語れないものを提供するためには、数字で語らなければならない

私が用意した3つのゲーム、楽しく遊んでいただけたでしょうか。アサンプションベースがあなたの武器になることを願っています。

第4章をまとめる意味で、ラストメッセージです。

私がいつもビジネスパーソンにお伝えしている言葉。数百年後も残る名言になっていたらいいなと本気で思い、伝え続けている言葉です。

数字で語れないものを提供するためには、数字で語らなければならない

例えば感動。本来、感動という尊いものそれ自体を数値で測ることなどできないと

思います。

ときめき。安らぎ。愛。それらもきっと同じ。それ自体を数値で測ることなど、できないのです。

あなたの仕事はなんでしょうか。

建設業。公務員。フリーランス。部長。チームリーダー。営業。経理。いいえ、そういうことではありません。あなたは必ず誰かに「数字で語れないもの」を提供しているはずです。直接的ではなかったとしても、必ず誰かに感動、ときめき、安らぎ、愛、そんな数字で語れないものをプレゼントしています。

あなたの仕事はなんでしょうか。

あなたの仕事は、数字で語れないものを誰かに提供することです。

そしてそれを提供し続けることです。

ではそのためには何が必要か。

私の答えは、人間らしく、人間にしかできない方法で、数字を作ることです。
もっと人間的に、もっと直感的に、「知らんがな」と思うことすらも数字で語れる人になることです。機械にはできないことをすることです。

それは必ずあなたの仕事の何かを変えます。
それがきっと、数字で語れないものを誰かに提供することにつながります。
会ったこともない誰かの人生を豊かにします。
それが、私たちビジネスパーソンにとっての最大の喜びではないでしょうか。

人間を豊かにできるのは、人間だけです。

おわりに

最後までお読みいただき、ありがとうございました。

本書には私がプロフェッショナルとして自信を持ってお伝えできる本質を、「結局これだけでいいよね」と思っていただけるように必要なものだけを整理し、すべてお伝えしています。もうこれ以上あなたにお伝えすることはありません。どうか本書を信じて、数字で考える力を身につけてください。

筆を置く前に、ひとつだけ。

私は教育者です。教育者とは人の成長に関与し、その人の人生を豊かにするために存在します。まだ見ぬ読者を想像し、その人の人生が豊かになって欲しいと願い、私は本書を書きました。

一方、あなたはなぜ本書を手に取ったのでしょう。

数字に強くなりたいから？　そうかもしれません。でもその奥にもっと本質的な目的があるはずです。あなたが本当に手に入れたいものは、おそらく「数字で考える力」ではありません。

あなたが本当に欲しいものは、ビジネスパーソンとしての「変化」ではありませんか。

その「変化」がビジネスパーソンとしての時間に豊かさをもたらし、それは人生をも輝かせることになる。実はあなたが変えたいものは仕事の仕方ではなく人生。だからあなたは本書を手に取った。そうですよね。

私はあなたに読んで欲しくてこの本を書きました。だから大丈夫。きっと変われます。

感じたこと。チャレンジしたこと。豊かになったこと。なんでも結構です。本書を通じて起こった「変化」があれば、ぜひメッセージをください。必ずお返事差し上げます。待っています。

info@bm-consulting.jp

２０２０年1月吉日

深沢真太郎

【著者プロフィール】

深沢真太郎（ふかさわ・しんたろう）

ビジネス数学教育家。

数学的なビジネスパーソンを育成する「ビジネス数学」を提唱し、述べ１万人以上を指導してきた教育の第一人者。

日本大学大学院総合基礎科学研究科修了。理学修士（数学）。

予備校講師から外資系企業の管理職などを経てビジネス研修講師として独立。

大手企業をはじめプロ野球球団やトップアスリートの教育研修を手がける傍ら、SMBC、三菱 UFJ、みずほ、早稲田大学、産業能率大学などと提携し講座に登壇。

ゼミ形式で学べる「ビジネス数学アカデミア」や指導者養成機関をプロデュースし、数字や論理思考に強いビジネスパーソンの育成に務める。

ラジオ番組のニュースコメンテーターやビジネス誌の記事監修などメディア出演も多数。

著作は国内外で 30 冊以上。実用書のほか作家として小説も発表しており、多くのビジネスパーソンに読まれている。

BM コンサルティング株式会社 代表取締役
一般社団法人日本ビジネス数学協会 代表理事
国内初のビジネス数学検定１級 AAA 認定者
国内唯一のビジネス数学エグゼクティブインストラクター

★ビジネス数学 .com 〜深沢真太郎オフィシャルウェブサイト〜
https://www.business-mathematics.com/

徹底的に数字で考える。

2020 年 2 月 19 日　　初版発行

著　者　深沢真太郎
発行者　太田　宏
発行所　フォレスト出版株式会社
〒 162-0824 東京都新宿区揚場町 2-18　白宝ビル 5F
電話　03-5229-5750（営業）
　　　03-5229-5757（編集）
URL　http：//www.forestpub.co.jp

印刷・製本　日経印刷株式会社

ISBN978-4-86680-073-8　Printed in Japan